民法典
百姓生活案例图解
——婚姻家庭编 继承编

商铧文 李冰 主编

北京师范大学出版集团
BEIJING NORMAL UNIVERSITY PUBLISHING GROUP
安徽大学出版社

图书在版编目(CIP)数据

民法典百姓生活案例图解.婚姻家庭编 继承编/商铧文,李冰主编.—合肥：安徽大学出版社,2023.1(2024.11重印)
ISBN 978-7-5664-2526-3

Ⅰ.①民… Ⅱ.①商…②李… Ⅲ.①婚姻法－案例－中国②继承法－案例－中国 Ⅳ.①D923.05

中国版本图书馆 CIP 数据核字(2022)第 220051 号

民法典百姓生活案例图解
——婚姻家庭编 继承编

商铧文 李冰 主编

出版发行：	北京师范大学出版集团 安徽大学出版社 (安徽省合肥市肥西路3号 邮编230039) www.bnupg.com www.ahupress.com.cn
印　　刷：	廊坊市博林印务有限公司
经　　销：	全国新华书店
开　　本：	690 mm×960 mm　1/16
印　　张：	8.75
字　　数：	138 千字
版　　次：	2023 年 1 月第 1 版
印　　次：	2024 年 11 月第 2 次印刷
定　　价：	39.80 元

ISBN 978-7-5664-2526-3

策划编辑：李晨霞　蒋　松　　　　　　装帧设计：徐荣强
责任编辑：李晨霞　蒋　松　　　　　　美术编辑：李　军
责任校对：刘婷婷　　　　　　　　　　责任印制：陈　如　孟献辉

版权所有　侵权必究

反盗版、侵权举报电话：0551－65106311
外埠邮购电话：0551－65107716
本书如有印装质量问题,请与印制管理部联系调换。
印制管理部电话：0551－65106311

前 言

《中华人民共和国民法典》（以下简称《民法典》）是一部真正意义上的"社会生活的百科全书"，是中华人民共和国第一部以"法典"命名的法律，在法律体系中居于基础性地位，也是市场经济的基本法。

《民法典》的实施，是我国法制建设史上的一个里程碑，对于推进国家治理体系和治理能力的现代化，不断满足人民群众对美好生活的向往，将会产生重要的影响。

随着社会发展进程的不断推进，我们的法律也在不断地成熟和完善。"民有所呼，法有所应"，是《民法典》追求的最终目标。

根据党和政府的精神以及习近平总书记的指示，《民法典》的普法工作是"十四五"时期普法工作的重点。特别是要引导群众形成自觉守法的意识，养成遇事找法律的习惯，培养解决问题靠法律的意识和能力。更要把《民法典》纳入国民教育体系，加强对青少年的普法教育，弘扬社会主义核心价值观。

多年的普法实践证明，普法教育对于普及法律知识、提高公民法制观念、增强全社会依法办事意识具有十分重要的作用。特别是对老年人、未成年人、残疾人、农村居民等进行全面普法教育，是提高全民法律素质的需要。保护好广大人民群众的合法权益，是构建和谐社会、维护社会和经济秩序的基础。

为此，我们特别编撰了"民法典百姓生活案例图解"系列丛书。主要包括相关广大人民群众应知应懂、实际实用的民法条款，同时采用生动的案例来阐述相应条款的释义、具体实施等，每本书最后都附有《民法典》的相关条文。

本丛书根据内容配有精美的漫画插图，图文并茂，排版采用了大字号方便阅读。因此，本丛书具有很强的可读性和实用性，是广大人民群众学习民法的良师益友。

本丛书编写组

2022年10月10日

目 录

婚姻家庭编：用法律维护家人合法权益

在被逼迫的婚姻中，如何拯救自己？// 2
以夫妻名义共同生活的同居关系，受法律保护吗？// 6
婚前患有重大疾病未告知，婚后其配偶能否申请撤销婚姻？// 9
什么是夫妻间的权利与义务？// 12
婚后投资取得的收益，属于夫妻共同财产吗？// 16
婚后一方超出家庭日常生活需要所负的债务，
　　属于夫妻共同债务吗？// 20
不离婚可以请求分割夫妻共同财产吗？// 23
子女不履行赡养义务怎么办？// 26
非婚生子，另一方需要抚养吗？// 30
怀疑孩子不是亲生的，该怎么办？// 34
夫妻双方如何申请协议离婚？// 37
什么是离婚冷静期？离婚冷静期过后怎么办？// 40
对于家庭暴力，加害人会受到什么惩罚？// 43
离婚后，哺乳期的子女应由谁来抚养？// 47
付不起抚养费，可以探望孩子吗？// 50
离婚时，能否请求家务劳动补偿？// 53
婚内丈夫出轨，妻子可以多分割财产吗？// 56

35周岁的单身男性可以收养未成年的女童吗？ // 59
收养他人孩子，可以收取费用吗？ // 63
被收养人本人可以解除收养关系吗？ // 66

继承编：遗产应如何分配

保险金能继承吗？ // 70
法定继承、遗嘱继承、遗赠扶养协议，哪个效力优先？ // 73
口头放弃继承遗产有效吗？ // 76
杀害配偶后还能分得对方遗产吗？ // 79
哪些人享有继承权？ // 83
被继承人的侄子、侄女（外甥、外甥女）是否享有继承权？ // 86
"好心人"可以获得遗产吗？ // 89
遗嘱如何订立才有效？ // 92
存在多份遗嘱时，哪份有效？ // 96
胁迫被继承人修改遗嘱，修改后的遗嘱有效吗？ // 99
还没有继承遗产便再婚，还有继承权吗？ // 102
养老院能否取得老人的遗产？ // 105
无人继承又无人受遗赠的遗产，该如何处理？ // 108
受遗赠人需要承担遗赠人的债务吗？ // 111

附录：中华人民共和国民法典·婚姻家庭编 继承编 // 117

婚姻家庭编：
用法律维护家人合法权益

在被逼迫的婚姻中，如何拯救自己？

生活小案例

小雅从小就是家人眼中的"乖乖女"，父母长辈总是爱替她做主。

这年，小雅研究生刚刚毕业，有人给小雅介绍一个男孩小强。由于小强各方面条件不错，小雅父母对他很满意，但是小雅对小强没有感觉。

可是父母却打着"我是为你好"的旗号对小雅软磨硬泡，发动七大姑八大姨轮番对小雅做工作，小强也是疯狂追求，以自己的性命威胁小雅与其结婚。

最终，在周围人的逼迫下，性格柔弱的小雅与小强办理了结婚登记。刚刚结婚，大家又逼着她辞去工作生孩子。半年后，小雅到了崩溃的边缘，终于鼓起勇气寻求法律援助。那么，对她的这段婚姻，法院会怎么判决呢？

案例分析

像小雅这种情况的婚姻屡见不鲜,有人逆来顺受,独自过着煎熬的日子;有人以强硬的方式抗争,却换来家人的不理解和周围人的冷嘲热讽。

在法律上,包办强迫或干涉他人婚姻的行为是被反对的。自愿是实现婚姻自由的前提,只有双方意愿一致,能够以互爱为基础走入婚姻生活,才是"婚姻自由"的基础。

案例中,小雅父母明知小雅对小强没有感觉,却依然把自己的意愿强加给小雅,其实这种做法已经触犯了法律。但是,现实生活中也同样如此,子女鲜少会利用法律保护自己,这也造成了家人的"知法犯法"。

法律明确表示,当事人是否结婚,与谁结婚,是其本人的权利,任何人无权干涉。所以在本案中,小雅父母的逼婚行为,是违反法律的。小雅完全可以请求撤销婚姻,法院也应当予以支持。

关联法条

《中华人民共和国民法典》

第一千零四十二条 禁止包办、买卖婚姻和其他干涉婚姻自由的行为。禁止借婚姻索取财物。

禁止重婚。禁止有配偶者与他人同居。

禁止家庭暴力。禁止家庭成员间的虐待和遗弃。

第一千零四十六条 结婚应当男女双方完全自愿,禁止任何一方对另一方加以强迫,禁止任何组织或者个人加以干涉。

第一千零五十二条 因胁迫结婚的,受胁迫的一方可以向人民法院请求撤销婚姻。

法条释义

以上条文是《中华人民共和国民法典》(以下简称《民法典》)对婚姻自由的规定。

法律规定了婚姻中的禁止行为,这是维护合法婚姻的标准和底线。干涉婚姻自由主要包括包办婚姻,买卖婚姻,干涉男女结婚自由、离婚自由,这些都是违法行为。

《民法典》作出明确的禁止性规定,为受害人的维权提供了法律武器,对非法侵害他人婚姻自由的行为也起到震慑作用。

结婚的首要原则是"双方完全自愿",即男女双方完全自愿。但是"双方完全自愿"的定义是什么呢?

(1)自愿意味着每个人有权自主决定自己的婚姻,而不受任何第三人的强迫或干涉。

(2)"双方完全自愿"不是"勉强同意"。

(3)自愿的意思表示应该是真实的。

在受到胁迫而结婚的情况下,可以求助于法律,进行婚姻撤销。有以下三种情况,可以请求撤销婚姻:

(1)因胁迫而结婚的;

(2)被非法限制人身自由的;

(3)婚前患有重大疾病,结婚登记前未如实告知的。

胁迫是指非法地以将要使他人产生损害或者以损害他人相威胁,使他人因恐惧或者因受到损害而结婚。比如伤害对方生命、身体、财产、名誉、自由和健康等方面,也可能是精神上的伤害,使对方受到威胁,缔结婚姻关系的行为并不是出于真实的意思表示,这就违反了婚姻自由、完全自愿的规定。

所以,法律赋予受胁迫的一方以撤销婚姻的请求权,使受胁迫的一方可以根据自己的意愿,来选择自己是否与对方结为夫妻。当然,这种请求权也是有期限的,期限为一年。

一年期限的时间计算方法有两种:第一种是自受胁迫方结婚登记之日起算,即在结婚登记之日起一年内决定,是否向有关部门申请撤销其婚姻的效力;第二种是从受胁迫方恢复人身自由之日起算,因为在有的胁迫婚姻中,受胁迫方是被非法限制人身自由的,这些人在被有关部门解救前是无法提出撤销婚姻效力申请的,所以待其恢复人身自由之日起算撤销申请日期。

以夫妻名义共同生活的同居关系，受法律保护吗？

生活小案例

胡先生因车祸身亡，留下巨额遗产，引来两位"妻子"想要分割。小丽拿出了当初两人去民政局登记的结婚证，证明其配偶身份。小玲拿来了两人的结婚照和两人在老家举行婚礼仪式的视频，且有两人同居多年的生活照证明。到底哪位"妻子"和胡先生的婚姻关系受法律保护呢？

案例分析

本案的争议焦点在于同居关系是否受法律保护。法律规定同居关系不具有婚姻的效力，不受法律保护，同居关系的双方不具有夫妻间的权利义务关系，不能以夫妻名义向对方主张财产分配权、扶养权和继承权。

根据《民法典》的规定，完成结婚登记，即确立婚姻关系。未办理结婚登记的，应当补办登记。据此可知，在我国，婚姻关系的成立与否取决于是否办理结婚登记。

本案中，小丽拿出了结婚证，能够证明其与胡先生存在合法的婚姻关系；而小玲虽然有结婚照，也在老家举行过婚礼仪式，但因未进行婚姻登记而不存在婚姻关系。

事实上，小玲和胡先生属于同居关系，不受法律保护。所以，小丽作为胡先生的配偶依法享有继承权，胡先生的遗产应该由妻子小丽继承。

关联法条

《中华人民共和国民法典》

第一千零四十九条　要求结婚的男女双方应当亲自到婚姻登记机关申请结婚登记。符合本法规定的，予以登记，发给结婚证。完成结婚登记，即确立婚姻关系。未办理结婚登记的，应当补办登记。

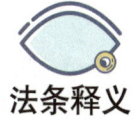

法条释义

以上条文是《民法典》对结婚登记的规定。

我国结婚实行登记制，即结婚必须履行的法定程序是结婚登记。男女在登记结婚并取得结婚证后，无论是否同居生活，无论是否举行婚礼仪式，都具有法律上的夫妻关系，其婚姻受到国家的承认和法律的保护。如一方或双方反悔，须按照离婚程序解除婚姻关系；反之，如果男女双方仅举行婚礼仪式或属于同居生活，没有办理结婚登记的，其婚姻不具有法律效力。

婚前患有重大疾病未告知，婚后其配偶能否申请撤销婚姻？

生活小案例

小李和小韩通过相亲认识，相恋半年后领证结婚。小韩婚前患有精神分裂症，她联合自己的家人对小李隐瞒此事。婚后，小韩受父亲离世的影响和刺激，精神分裂症复发，并在发病时殴打小李，导致小李身体多处受伤。此时才得知真相的小李无法接受此事，遂去法院申请撤销婚姻，法院能否支持？

 案例分析

本案的争议焦点在于当事人患有重大疾病未告知，婚姻是否可撤销。根据《民法典》的规定，一方患有重大疾病的，应当在结婚登记前如实告知另一方；不如实告知的，另一方可以向人民法院请求撤销婚姻。

本案中，小韩婚前患有精神分裂症，属于重大疾病，应当如实告知小李。但是，她却联合自己的家人对小李隐瞒该事实，侵犯了小李的知情权，属于可撤销婚姻的法定事由。所以，小李可以此为由诉至法院，请求人民法院撤销该婚姻。

关联法条

《中华人民共和国民法典》

第一千零五十三条 一方患有重大疾病的，应当在结婚登记前如实告知另一方；不如实告知的，另一方可以向人民法院请求撤销婚姻。

请求撤销婚姻的，应当自知道或者应当知道撤销事由之日起一年内提出。

第一千零五十四条 无效的或者被撤销的婚姻自始没有法律约束力，当事人不具有夫妻的权利和义务。同居期间所得的财产，由当事人协议处理；协议不成的，由人民法院根据照顾无过错方的原则判决。对重婚导致的无效婚姻的财产处理，不得侵害合法婚姻当事人的财产权益。当事人所生的子女，适用本法关于父母子女的规定。

婚姻无效或者被撤销的，无过错方有权请求损害赔偿。

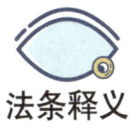

法条释义

以上条文是《民法典》对隐瞒疾病的可撤销婚姻以及婚姻无效和被撤销的法律后果的规定。

因一方隐瞒疾病而申请撤销婚姻的,需要具备以下几个条件:(1)一方婚前患有重大疾病。何为重大疾病,《民法典》没有规定。根据有关法律规定和司法解释的规定,重大疾病主要包括严重遗传性疾病、传染性疾病、有关精神方面的疾病。因而,并不是所有的疾病都属于此类情况。(2)一方故意隐瞒患有重大疾病的事实。(3)必须向人民法院提出撤销婚姻的请求。(4)自知道或者应当知道一方故意隐瞒婚前患有重大疾病之日起一年内提出申请撤销婚姻。

婚姻一旦被依法撤销,自始没有法律约束力,当事人不具有夫妻的权利和义务。同时,无过错方有权向对方请求损害赔偿。

什么是夫妻间的权利与义务？

生活小案例

小雪与大李是一对平平常常的小夫妻，夫妻感情较好，五年前两人还生了一个可爱的孩子。

后来，大李希望再生一个孩子，而小雪认为经济压力太大，不想再要。然而大李不理解，夫妻之间便开始产生矛盾。这年，小雪想提升学历，大李却说她"不务正业"，还提出和小雪实行"AA制"生活。

半年后，小雪生病需要手术。在这期间，大李一直没有出现，仅是李母送去两万块钱。小雪对大李失望透顶，向法院起诉离婚，并要求大李支付自己的治疗费用和营养费。

而大李却说，小雪从没有赚过钱，都是吃他的喝他的，而且两人已经明确实行"AA制"生活，自己没有必要给小雪治疗费和营养费。大李的说法能够得到法院的支持吗？

 案例分析

本案的争议焦点在于什么是夫妻之间的权利与义务。大李认为小雪提升学历的做法是"不务正业",已经侵害了小雪学习的权利;他认为小雪从没有赚过钱,在夫妻矛盾升级的情况下提出实行"AA 制"生活,是对于扶养义务的逃避。

狭义的扶养义务主要是指平辈之间的相互扶养,比如说夫妻之间或者兄弟姐妹之间。广义的扶养包括赡养、扶养以及抚养。有扶养能力的一方必须自觉履行义务,特别是在对方生病、丧失劳动能力的情况下。如果一方拒不履行扶养义务,对方有权向法院请求,主张对方给付扶养费。

在这个案例中,小雪与大李是夫妻,所以他们之间负有经济上互相扶助、生活中互相照顾和互相帮助的权利和义务。现在小雪因为患病而经济紧张,丈夫大李依法应当给付妻子相应的扶养费用。而且,小雪的治疗所负债务属于夫妻共同债务,大李应当予以偿还。所以,法院支持小雪的请求。

关联法条

《中华人民共和国民法典》

第一千零五十五条　夫妻在婚姻家庭中地位平等。

第一千零五十六条　夫妻双方都有各自使用自己姓名的权利。

第一千零五十七条　夫妻双方都有参加生产、工作、学习和社会活动的自由,一方不得对另一方加

以限制或者干涉。

第一千零五十九条 夫妻有相互扶养的义务。

需要扶养的一方，在另一方不履行扶养义务时，有要求其给付扶养费的权利。

法条释义

以上条文是《民法典》对夫妻权利和义务的规定。夫妻之间家庭地位平等，表现在三个方面的平等：

一是人身权方面的平等。夫妻双方都有各自使用自己姓名的权利和参加生产、工作、学习和社会活动的自由。有很多男性认为女性应该在家"相夫教子"，从而剥夺了女性进行生产、工作的权利，甚至对她们的学习、正常社交都要干涉。殊不知，这已经触犯了法律。

二是经济方面的平等。男女在婚姻关系存续期间，本就是一体的，婚姻关系存续期间的财产归夫妻共同所有，双方都有支配和利用的权利。由于生产生活的分工不同，任何一方不能够因对方没有直接参与社会工作赚取薪酬，就限制对方的经济权利。

夫妻双方要相互扶养，夫妻之间的扶养是从缔结婚姻开始就存在的义务，也是婚姻或家庭维系的基本保障。有的夫妻约定各自的工资或收入归各自所有，但这并不意味着，夫或妻只负担各自的生活费用而不承担扶养对方的义务。

三是权利与义务的对等。当然，夫妻之间既有权利也有义务，而且义务与权利是对等的。在家庭关系中，不能存在一方只享受权利而不用承担义务，或者只承担家庭义务而不享有权利的情况。所以，夫妻之间应当互相尊重、互相帮助、互敬互爱，这样才能够使家庭幸福和美。

婚后投资取得的收益，属于夫妻共同财产吗？

生活小案例

小孙和小赵依法登记结婚，婚后小孙喜欢上了研究古董。起初夫妻二人感情很好，可日子久了，因小孙经常用家庭积蓄投资古董，且无暇顾家，二人发生激烈争执，小赵决定离婚。小赵向法院提出离婚，在法院作出离婚判决之前，小孙低价买入的一只清代瓷瓶在拍卖会上以150万元人民币的价格成交。那么，这笔收益该如何处理？

# 案例分析

本案的争议焦点在于婚后投资取得的收益是否属于夫妻共同财产。根据《民法典》的规定，夫妻在婚姻关系存续期间所得的投资收益属于夫妻共同所有。

本案中，小孙的这只清代瓷瓶拍卖后的价款属于小孙的投资收益，又因所获 150 万元收益的成交时间在法院未作出准予离婚判决之前，正是小孙和小赵的婚姻关系存续期间。因此，这笔收益属于小孙和小赵的共同财产，所增值收益部分也属于夫妻共同财产。

关联法条

《中华人民共和国民法典》

第一千零六十二条 夫妻在婚姻关系存续期间所得的下列财产，为夫妻的共同财产，归夫妻共同所有：

（一）工资、奖金、劳务报酬；

（二）生产、经营、投资的收益；

（三）知识产权的收益；

（四）继承或者受赠的财产，但是本法第一千零六十三条第三项规定的除外；

（五）其他应当归共同所有的财产。

夫妻对共同财产，有平等的处理权。

第一千零六十三条 下列财产为夫妻一方的个人财产：

（一）一方的婚前财产；

（二）一方因受到人身损害获得的赔偿或者补偿；

（三）遗嘱或者赠与合同中确定只归一方的财产；

（四）一方专用的生活用品；

（五）其他应当归一方的财产。

第一千零六十五条 男女双方可以约定婚姻关系存续期间所得的财产以及婚前财产归各自所有、共同所有或者部分各自所有、部分共同所有。约定应当采用书面形式。没有约定或者约定不明确的,适用本法第一千零六十二条、第一千零六十三条的规定。

夫妻对婚姻关系存续期间所得的财产以及婚前财产的约定,对双方具有法律约束力。

夫妻对婚姻关系存续期间所得的财产约定归各自所有,夫或者妻一方对外所负的债务,相对人知道该约定的,以夫或者妻一方的个人财产清偿。

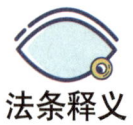

法条释义

以上条文是《民法典》关于夫妻财产制度的规定。根据《民法典》的规定,我国夫妻财产制有两种:

(1)夫妻法定财产制。夫妻法定财产制,是指依照法律的直接规定适用夫妻财产关系的夫妻财产制度,适用于夫妻之间没有对财产制进行约定或者约定无效的情形。夫妻法定财产制主要分为两种:①夫妻共同财产制;②夫妻个人所有财产制。

(2)夫妻约定财产制。夫妻约定财产制,是指夫妻以契约形式决定婚姻关系存续期间所得财产所有关系的夫妻财产制度。夫妻财产可以约定的内容:婚姻关系存续期间所得财产以及婚前财产归各自所有、共同所有或者部分各自所有、部分共同所有;如果没有约定或者约定内容不明确的,可以参照夫妻共同财产的范围和夫妻个人所有财产范围来处理。夫妻财产约定应当采用书面形式。

夫妻财产约定的效力:对双方具有法律约束力;如果夫妻对婚姻关系存续期间所得的财产约定归各自

所有，一方对外所负的债务，相对人知道该约定的，以夫或者妻一方的个人财产清偿。

从《民法典》的规定来看，我国采用的是夫妻法定财产制和夫妻约定财产制并行的办法，并遵循"有约定按约定，无约定按法定"的原则。

婚后一方超出家庭日常生活需要所负的债务，属于夫妻共同债务吗？

> 你老公欠钱不还，你替他还。

> 他自己的债务与我无关。

生活小案例

小刘为帮朋友解决大额资金周转的问题，向小李以个人名义借款150万元。因朋友破产以及二人关系决裂，借款到期后小刘未还款。多次催促无果后，小李找到了小刘的妻子小张索要。小张声称自己对小刘借款之事毫不知情，不愿承担还款之责。小刘向小李借的150万元是小张与小刘的夫妻共同债务吗？

# 案例分析

本案的争议焦点在于小刘向小李所借的150万元是否属于夫妻共同债务。根据《民法典》的规定，对于夫妻一方在婚姻关系存续期间以个人名义超出家庭日常生活需要所负的债务，不属于夫妻共同债务。本案中，小刘的债务本金为150万元，超出了家庭日常生活开支的范围。小李作为债权人未能证明150万元的债务是用于小刘、小张的共同生活开销，事后小张也没有追认这笔债务。因此，该债务不属于夫妻共同债务，小张无须承担偿还责任。

# 关联法条

《中华人民共和国民法典》

第一千零六十四条 夫妻双方共同签名或者夫妻一方事后追认等共同意思表示所负的债务，以及夫妻一方在婚姻关系存续期间以个人名义为家庭日常生活需要所负的债务，属于夫妻共同债务。

夫妻一方在婚姻关系存续期间以个人名义超出家庭日常生活需要所负的债务，不属于夫妻共同债务；但是，债权人能够证明该债务用于夫妻共同生活、共同生产经营或者基于夫妻双方共同意思表示的除外。

# 法条释义

本条是《民法典》对夫妻共同债务的规定。

认定夫妻共同债务的具体标准是：（1）夫妻双方共同确认或者夫妻一方确认，另一方事后追认等通过共同意思表示所负的债务。夫妻双方可以约定债务是双方共同债务或者是个人债务。如果举债时，没有经夫妻共同约定，而举债之后配偶追认的，视为夫妻共

同债务。（2）夫妻一方在婚姻关系存续期间以个人名义为家庭日常生活需要所负的债务。如采买生活用品、医药费支出等，亦为夫妻共同债务。

夫妻一方在婚姻关系存续期间以个人名义超出家庭日常生活需要所负的债务，不属于夫妻共同债务。以下债务为夫妻一方的个人债务：（1）双方约定由个人负担的债务，但以逃避债务为目的的除外；（2）一方未经对方同意，擅自资助与其没有扶养义务的亲朋所负的债务；（3）一方未经对方同意，独自筹资从事经营活动，其收入未用于共同生活所负的债务；（4）一方在婚前所负的债务；（5）一方为满足私欲而挥霍所负的债务；（6）夫妻分居期间所负的债务；（7）其他应由个人承担的债务。

> 以个人名义超出家庭日常生活需要所欠的债务不属于夫妻共同债务。

不离婚可以请求分割夫妻共同财产吗？

生活小案例

丈夫用夫妻共有的50万元存款购买了理财产品，因理财产品可以提前取现，妻子总担心丈夫偷偷花掉。后来妻子发现丈夫在外面赌博输掉11万元，还购买了一辆价值15万元的汽车赠与他人。妻子表示夫妻感情已破裂，因此，委托律师对丈夫提起离婚诉讼并要求分割夫妻共同财产。而丈夫在诉讼中答辩称感情未破裂，仍有和好可能，不同意离婚。法院也判决不准予离婚，妻子心急如焚，这种情况能否请求分割夫妻共同财产？

 案例分析

本案的争议焦点在于婚姻关系存续期间能否请求分割夫妻共同财产。根据《民法典》的规定，在婚姻关系存续期间，夫妻共同财产一般不能分割；但在一方当事人故意毁损夫妻共同财产，导致另一方合法财产受损的情况下，允许婚内分割夫妻共同财产。

本案中，丈夫不同意离婚，法院也因为夫妻仍有和好可能，判决不准予离婚。但是，丈夫"赌博输掉11万元，还购买了一辆价值15万元的汽车赠与他人"等行为严重损害了夫妻共同财产利益。所以，妻子可以依法向人民法院请求分割夫妻共同财产，以维护自己的合法权益。

 关联法条

《中华人民共和国民法典》

第一千零六十六条 婚姻关系存续期间，有下列情形之一的，夫妻一方可以向人民法院请求分割共同财产：

（一）一方有隐藏、转移、变卖、毁损、挥霍夫妻共同财产或者伪造夫妻共同债务等严重损害夫妻共同财产利益的行为；

（二）一方负有法定扶养义务的人患重大疾病需要医治，另一方不同意支付相关医疗费用。

 法条释义

本条是《民法典》对婚姻关系存续期间分割夫妻共同财产的规定。

为了维护婚姻关系的稳定性，在婚姻关系存续期间，原则上是不允许分割夫妻共同财产的。但考虑到

特殊情形，为保护婚姻当事人的合法权益，法律允许在婚内分割夫妻共同财产。根据《民法典》的规定，在婚姻关系存续期间，有下列情形之一的，夫妻一方可以向人民法院请求分割共同财产：（1）一方有隐藏、转移、变卖、毁损、挥霍夫妻共同财产或者伪造夫妻共同债务等严重损害夫妻共同财产利益的行为。隐藏，是指采用欺骗的手段将夫妻共同财产隐匿变成一方财产。转移，是指将夫妻共同财产移至别处。变卖，是指将夫妻共同财产出卖后，变成一方财产。毁损，是指故意破坏夫妻共同财产。挥霍，是指恶意消耗夫妻共同财产。（2）一方负有法定扶养义务的人患重大疾病需要医治，另一方不同意支付相关医疗费用。这是对夫妻间扶养义务的阻碍。这种情况下，法院应当准许分割夫妻共同财产。

子女不履行赡养义务怎么办？

生活小案例

在郝大爷年轻的时候其妻子去世，留下两个年幼的孩子。三年后，郝大爷与张大妈结婚。张大妈为了两个孩子，没有生育，和郝大爷含辛茹苦将两个孩子抚育成人。

郝大爷的儿女成家立业，郝大爷与张大妈都很欣慰。但是随着年龄的增长，二老身体状况日渐减退，生活基本无法自理，也不能承担自己的生活和医疗费用。儿女从来没有在精神上和物质上尽到对二老的赡养义务。

无奈之下，二老将儿女起诉至法院，请求法院依法判令儿女每人每月向郝大爷与张大妈支付赡养费，直至二老离世之日为止。法院会怎么判决呢？

 **案例分析**

子女赡养父母是中华民族的传统美德，也是法律规定的义务，子女不能以任何理由拒绝承担赡养义务。

在本案例中，郝大爷与张大妈含辛茹苦将儿女养大，尤其是张大妈，作为继母，为了一双儿女都没有再生育，可谓"尽职尽责"。所以，郝大爷与张大妈在儿女未成年时期，尽到了自己作为父母的职责。

然而，郝大爷与张大妈年纪大了，身体状况不好，在生活和医疗上都受到困扰，他们的子女却没有尽到自己的义务。不仅没有在经济上赡养父母，在日常生活中也没有履行陪伴、帮助、慰藉父母的职责。因此，二老有权利要求成年子女给付赡养费。

法院应根据二老的实际需求、当地的生活开支水平和医疗水平，判决儿女给付赡养费。除此之外，责令与老人分开生活的子女常回家看看，定时陪伴老人。

 **关联法条**

《中华人民共和国民法典》

第一千零六十七条 父母不履行抚养义务的，未成年子女或者不能独立生活的成年子女，有要求父母给付抚养费的权利。

成年子女不履行赡养义务的，缺乏劳动能力或者生活困难的父母，有要求成年子女给付赡养费的权利。

《中华人民共和国老年人权益保障法》

第十三条 老年人养老以居家为基础，家庭成员应当尊重、关心和照料老年人。

第十四条 赡养人应当履行对老年人经济上供养、生活上照料和精神上慰藉的义务,照顾老年人的特殊需要。

赡养人是指老年人的子女以及其他依法负有赡养义务的人。

赡养人的配偶应当协助赡养人履行赡养义务。

第十五条 赡养人应当使患病的老年人及时得到治疗和护理;对经济困难的老年人,应当提供医疗费用。

对生活不能自理的老年人,赡养人应当承担照料责任;不能亲自照料的,可以按照老年人的意愿委托他人或者养老机构等照料。

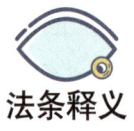

法条释义

以上条文是《民法典》和《中华人民共和国老年人权益保障法》对成年子女对父母的赡养义务的规定。

赡养,是指子女或晚辈对父母或长辈在物质上和生活上进行帮助。成年子女对父母的赡养义务,是亲属权的重要内容。赡养义务是法定义务,是成年子女必须履行的义务,特别是对缺乏劳动能力或者生活困难的父母,成年子女必须承担赡养义务。

子女在经济上应为父母提供必要的生活用品和费用,在生活上、精神上、感情上对父母应照顾、关心和尊敬。有经济负担能力的成年子女,不分性别和婚姻状况,在父母需要赡养时,都应依法尽力履行赡养义务。

子女对父母的赡养义务不仅发生在婚生子女与父母间,而且也发生在非婚生子女与生父母间、养子女与养父母间、继子女与履行了扶养教育义务的继父母之间。

除了子女对于父母的赡养，还有一种是晚辈对长辈的赡养。《民法典》第一千零七十四条规定：有负担能力的孙子女、外孙子女，对于子女已经死亡或者子女无力赡养的祖父母、外祖父母，有赡养的义务。

如果父母想要请求法律帮助，就要能够证明子女没有履行赡养义务。那么，怎样可以证明子女没有赡养老人呢？ 一是基层组织的证明，比如居委会、村委会等相关组织开具的证明；二是无利害关系的亲朋好友或者邻居的证人证词。只有拿起法律的武器，老年人才能够真正、切实保障自己的余生"老有所依"。

判决儿女给付赡养费。除此之外，责令与老人分开生活的子女常回家看看，定时陪伴老人。

非婚生子，另一方需要抚养吗？

生活小案例

小杨和小倩是一对情侣，在谈婚论嫁的时候，遭到双方父母的反对，两人最后向父母妥协，没有步入婚姻殿堂。可是在分手后，小倩发现自己怀孕了，她决定把孩子生下来。

然而，生孩子容易养孩子难，渐渐地，小倩感到力不从心。三年后，小倩找到小杨，将孩子的事情告诉了他。这时的小杨已经和小刘登记结婚，他不想让妻子知道这件事，又理解小倩一个人带孩子不容易，于是他每个月为孩子支付3000元抚养费。

这件事情还是被小刘发现了，小刘非常气愤，认为小杨是在用夫妻共同财产养私生子，便阻止小杨再给小倩孩子抚养费。那么，小刘的做法对吗？

案例分析

本案的焦点在于对于非婚生子女，没有与其生活在一起的父母是否有抚养义务。首先，我们要明确一点：非婚生子女和婚生子女一样，是享有同等权利的。也就是说，根据法律规定，小杨有义务给非婚生子女抚养费，小刘不能够阻止。

当然，抚养费的金额要根据小杨的家庭收入来评估，不是想给多少就给多少的。如果抚养费金额过高，要根据家庭实际收支情况进行缩减。案例中，支付3000元抚养费并不会给小杨的家庭造成经济负担。所以，小杨支付3000元抚养费没有影响到家庭，小刘不应该阻止小杨。

最后，小杨在孩子抚养费问题的处理上，明显对妻子小刘有所隐瞒，有损于夫妻之间的"互相忠实"，这种做法确实欠妥。因为一旦事情发酵，可能会带来不必要的麻烦，对于小杨的家庭、小倩和孩子都会造成一定程度的伤害。

所以，遇到这种情况，还是要和家人提前沟通，不要试图隐瞒，避免造成更大的问题。

关联法条

《中华人民共和国民法典》

第一千零四十三条 家庭应当树立优良家风，弘扬家庭美德，重视家庭文明建设。

夫妻应当互相忠实，互相尊重，互相关爱；家庭成员应当敬老爱幼，互相帮助，维护平等、和睦、文明的婚姻家庭关系。

第一千零七十一条 非婚生子女享有与婚生子女同等的权利，任何组织或者个人不得加以危害和歧视。

不直接抚养非婚生子女的生父或者生母，应当负担未成年子女或者不能独立生活的成年子女的抚养费。

法条释义

以上条文是《民法典》对非婚生子女权利与义务的规定。

婚生子女与非婚生子女虽然在出生形式上有所区别，但是其法律地位是相同的，享有相同的权利和义务。权利与义务包括以下六点：

（1）与婚生子女一样，非婚生子女有权要求从父姓或从母姓；

（2）与婚生子女一样，非婚生子女有权要求生父或生母给付抚养费；

（3）与婚生子女一样，非婚生子女有权要求继承生父或生母的遗产；

（4）与婚生子女一样，在父母、祖父母、外祖父母去世或者没有监护能力的情况下，非婚生子女与他的所有兄弟姐妹一样，有被监护权；

（5）与婚生子女一样，当未成年的非婚生子女给他人造成损害时，其生父母也同样有义务为其承担民事赔偿责任；

（6）与婚生子女一样，非婚生子女也负有赡养生父母的义务。

所以，任何组织和个人不应该以婚生或者非婚生的区别来危害和歧视非婚生子女，这对于他们来讲是不公平的。而且，非婚生子女也要知道，自己的义务也和婚生子女是一样的，都有赡养生父母的义务。

对于一个家庭来讲，夫妻之间要相互忠实，相互尊重，这是夫妻之间的义务。这项义务强制夫妻任何一方不得出于一己私利，或者为了第三人的利益而损害其配偶利益。所以，以构建和谐文明的家庭为目的，夫妻之间一定要相互尊重、相互体谅、相互忠实、相互理解以及相互支持。

怀疑孩子不是亲生的,该怎么办?

> 孩子和我长得不像,需要做个亲子鉴定。

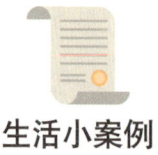

生活小案例

小东和小楠恋爱时同居,后因小楠怀孕,两人在老家结婚,不久后小楠生了个漂亮的女儿。小东发现女儿头发是黄色的,而小东和小楠的头发均是黑色的,小东总觉得除了头发,女儿与自己长得也不像,便认定女儿不是自己亲生的,天天嚷着要去做亲子鉴定。小东的困扰,该怎么解决?

 **案例分析**

　　本案的争议焦点在于小东是否有确认亲子关系的权利。根据《民法典》的规定，对亲子关系有异议且有正当理由的，父母任意一方均可以向人民法院提起诉讼，请求确认或者否认亲子关系。本案中，小东否认女儿是自己亲生的行为，属于否认亲子关系。小东和小楠在婚姻关系存续期间生育的女儿推定为夫妻的婚生子女，如果小东有异议，应该先做亲子鉴定来证明女儿是不是自己亲生的，如果鉴定证明女儿不是自己亲生的，可以通过诉讼请求法院否认父女关系。如果法院判决小东与女儿之间不存在父女关系，小东可以拒绝养育女儿。

 **关联法条**

《中华人民共和国民法典》

　　第一千零七十三条　对亲子关系有异议且有正当理由的，父或者母可以向人民法院提起诉讼，请求确认或者否认亲子关系。

　　对亲子关系有异议且有正当理由的，成年子女可以向人民法院提起诉讼，请求确认亲子关系。

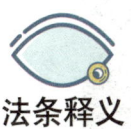 **法条释义**

　　本条是《民法典》对亲子关系确认的法律规定。

　　亲子关系，是指父母与子女间的权利义务关系。对亲子关系的异议分为两种情况：（1）否认亲子关系，即否认婚生子女，是指当事人享有否认婚生子女为自己亲生子女的诉讼请求权。（2）确认亲子关系，即认领非婚生子女，例如生父承认非婚生子女，认领其为自己子女。

　　《民法典》一般通过司法判决的效力对亲子关系

进行确定，除上述法律规定之外，对于亲子关系的认定还设置了一个"准入门槛"，就是要"有正当理由"。只有获得亲子关系鉴定证明以及孩子母亲自认的书面证明、录音、录像等，才可以启动对亲子关系的确认之诉。

夫妻双方如何申请协议离婚？

生活小案例

小杨和小芳在朋友聚会上相识，甜蜜地交往一年后去民政局办理了结婚登记。婚后小芳发现丈夫小杨对她的照顾不如以前殷勤了，有些心灰意冷，想要和小杨协议离婚。小杨得知小芳的想法后，说小芳平日的"公主病"太多，不想继续迁就，也同意协议离婚。两人应当如何申请协议离婚？

 案例分析

本案涉及协议离婚的程序内容。根据《民法典》的规定，小杨和小芳若想申请协议离婚，双方应持各自身份证、户口本、结婚证、离婚协议书等材料亲自到婚姻登记机关提交申请，离婚冷静期满后30日内，双方亲自到婚姻登记机关，婚姻登记机关查明双方确实是自愿离婚，并已经对子女抚养、财产以及债务处理等事项协商一致的，予以登记，发给离婚证，婚姻关系即解除。

 关联法条

《中华人民共和国民法典》

第一千零七十六条 夫妻双方自愿离婚的，应当签订书面离婚协议，并亲自到婚姻登记机关申请离婚登记。

离婚协议应当载明双方自愿离婚的意思表示和对子女抚养、财产以及债务处理等事项协商一致的意见。

第一千零七十七条 自婚姻登记机关收到离婚登记申请之日起三十日内，任何一方不愿意离婚的，可以向婚姻登记机关撤回离婚登记申请。

前款规定期限届满后三十日内，双方应当亲自到婚姻登记机关申请发给离婚证；未申请的，视为撤回离婚登记申请。

第一千零七十八条 婚姻登记机关查明双方确实是自愿离婚，并已经对子女抚养、财产以及债务处理等事项协商一致的，予以登记，发给离婚证。

第一千零八十条 完成离婚登记，或者离婚判决书、调解书生效，即解除婚姻关系。

法条释义

以上条文是《民法典》对离婚方式、离婚登记程序和离婚判决标准的规定。根据《民法典》的规定，离婚方式有两种：

（1）协议离婚。协议离婚是双方自愿离婚，是指婚姻关系因双方当事人的合意而解除的离婚方式。协议离婚的程序：①申请。当事人申请自愿离婚的，双方必须亲自到一方户口所在地的婚姻登记机关申请离婚登记。②审查。婚姻登记机关应当对当事人出具的有关材料进行严格审查。③登记。婚姻登记机关经过审查后，确定当事人确属自愿离婚，并且已经对子女抚养、财产、债务等问题达成一致处理意见，经过离婚冷静期后，当事人申请离婚登记的，应当予以登记，发给离婚证，正式解除双方当事人之间的婚姻关系。

（2）诉讼离婚。诉讼离婚是夫妻双方就是否离婚或者财产的分割、债务的分担、子女的抚养等问题无法达成一致的意见，而向人民法院起诉，人民法院经过审理后，通过调解或判决解除婚姻关系的一种离婚制度。诉讼离婚是解除夫妻关系最常见的手段之一。为维护婚姻的稳定，人民法院审理离婚案件，应当先进行调解；如果感情确已破裂，调解无效的，应当准予离婚。需要注意的是，在原婚姻法的基础上，《民法典》新增一类应予离婚的情形，即"经人民法院判决不准离婚后，双方又分居满一年，一方再次提起离婚诉讼的，应当准予离婚"。

什么是离婚冷静期？离婚冷静期过后怎么办？

生活小案例

小刚和小柔因有共同爱好而结识，两人迅速坠入爱河，并决定在相识的第21天"闪婚"。婚后两人产生矛盾，都有离婚的准备。此时离婚冷静期制度已经施行，二人该如何协议离婚？离婚冷静期过后该怎么办？

案例分析

本案中，小刚和小柔自愿离婚，可以到婚姻登记机关申请离婚。符合离婚条件的，暂时不发离婚证，而是要度过30日的离婚冷静期。自婚姻登记机关收到离婚登记申请之日起30日内，任何一方后悔离婚的，都可以撤回离婚登记申请。离婚冷静期届满后30日内，双方依然决定离婚的，应当亲自到婚姻登记机关申请发给离婚证；发给离婚证时婚姻关系解除。

关联法条

《中华人民共和国民法典》

第一千零七十七条 自婚姻登记机关收到离婚登记申请之日起三十日内，任何一方不愿意离婚的，可以向婚姻登记机关撤回离婚登记申请。

前款规定期限届满后三十日内，双方应当亲自到婚姻登记机关申请发给离婚证；未申请的，视为撤回离婚登记申请。

第一千零七十八条 婚姻登记机关查明双方确实是自愿离婚，并已经对子女抚养、财产以及债务处理等事项协商一致的，予以登记，发给离婚证。

法条释义

以上条文是《民法典》对离婚冷静期的有关规定。

离婚冷静期又称离婚反省期，是指夫妻离婚时，法律强制规定双方暂时分开，考虑清楚后再决定是否离婚。设置离婚冷静期的目的是让当事人不要作出冲动、草率的离婚决定，旨在抑制社会逐年上涨的高离婚率，构建和谐社会、和谐家庭。

根据《民法典》的规定，离婚冷静期的适用，应遵守下列规则：

（1）仅适用于协议离婚。双方自愿离婚的，应到婚姻登记机关申请离婚，符合离婚条件的，婚姻登记机关暂时不发给离婚证，不马上解除婚姻关系。

（2）离婚冷静期是 30 日。自婚姻登记机关收到离婚登记申请之日起 30 日内，任何一方不愿意离婚的，都可以向婚姻登记机关撤回离婚登记申请。

（3）离婚冷静期届满后 30 日内，双方应当亲自到婚姻登记机关申请发给离婚证，婚姻登记机关发给离婚证，即解除婚姻关系。

（4）离婚冷静期届满后 30 日内，当事人未到婚姻登记机关申请发给离婚证的，视为撤回离婚登记申请，不发生离婚的后果。需要注意的是，离婚冷静期内夫妻关系没有解除，所以夫妻之间的权利义务关系并没有发生改变。

对于家庭暴力，加害人会受到什么惩罚？

生活小案例

晓玲与大程是经人介绍结婚的。结婚后晓玲才知道，大程是个社会混混，脾气暴躁，一言不合就对自己进行言语辱骂、拳打脚踢，晓玲一直选择隐忍。但是这样助长了大程的暴戾，他有时甚至会打孩子。晓玲数次报警，派出所和妇联也只是作了协调处理。

后来，大程在外面养了一个女人，对晓玲和孩子不闻不问。一次，大程醉醺醺地回家，没来由谩骂晓玲，并且当着孩子的面对其拳打脚踢，甚至用刀威胁晓玲不准报警。后经医院诊断，晓玲左眼、头左部挫伤。

忍无可忍的晓玲提出离婚，但是遭到大程的拒绝。协议离婚不成，晓玲将大程告上法庭，提出诉讼离婚。大程会为他的行为付出什么代价呢？

案例分析

对于家庭暴力,本案的判决可以说是没有争议的。家庭暴力是指行为人以殴打、捆绑、残害、强行限制人身自由或者其他手段,对其家庭成员的身体、精神等方面造成一定伤害后果的行为。持续性、经常性的家庭暴力,构成虐待。

在本案例中,大程平时便对妻子晓玲进行言语辱骂、拳打脚踢,并对晓玲身体造成实质性伤害,甚至用刀威胁晓玲不准报警。可见在平时,晓玲一直生活在黑暗和恐慌中。

根据申请人晓玲的陈述及其提交的相关证据,法院可以认定晓玲遭受到家庭暴力。法院可以判决晓玲与大程离婚,子女由晓玲抚养;禁止大程骚扰、跟踪、接触晓玲及其子女;禁止大程到晓玲借住的居所。

关联法条

《中华人民共和国民法典》

第一千零四十二条 禁止重婚。禁止有配偶者与他人同居。禁止家庭暴力。禁止家庭成员间的虐待和遗弃。

第一千零七十九条 夫妻一方要求离婚的,可以由有关组织进行调解或者直接向人民法院提起离婚诉讼。

人民法院审理离婚案件,应当进行调解;如果感情确已破裂,调解无效的,应当准予离婚。

有下列情形之一,调解无效的,应当准予离婚:

(一)重婚或者与他人同居;

(二)实施家庭暴力或者虐待、遗弃家庭成员;

(三)有赌博、吸毒等恶习屡教不改;

(四)因感情不和分居满二年;

(五)其他导致夫妻感情破裂的情形。

一方被宣告失踪,另一方提起离婚诉讼的,应当准予离婚。

经人民法院判决不准离婚后，双方又分居满一年，一方再次提起离婚诉讼的，应当准予离婚。

第一千零九十一条 有下列情形之一，导致离婚的，无过错方有权请求损害赔偿：

（一）重婚；

（二）与他人同居；

（三）实施家庭暴力；

（四）虐待、遗弃家庭成员；

（五）有其他重大过错。

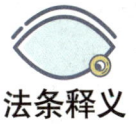

法条释义

以上条文是《民法典》对由于家暴造成离婚和损害赔偿的规定。

家庭暴力犯罪发生在家庭成员之间，以及具有监护、扶养、寄养、同居等关系的共同生活人员之间。对于家庭暴力，个人、组织和社会都是零容忍的态度，国家制定一系列的法律法规来约束和惩治家庭暴力犯罪，切实保障人权，维护社会秩序。

《最高人民法院关于适用〈中华人民共和国民法典〉婚姻家庭编的解释（一）》（法释〔2020〕22号），已于2020年12月25日最高人民法院审判委员会第1825次会议通过，自2021年1月1日起施行。

《最高人民法院、最高人民检察院、公安部、司法部印发〈关于依法办理家庭暴力犯罪案件的意见〉的通知》（法发〔2015〕4号），现行有效。

惩治家庭暴力犯罪的基本原则是：依法及时、有效干预；保护被害人安全和隐私；尊重被害人意愿；对未成年人、老年人、残疾人、孕妇、哺乳期妇女、重病患者特殊保护。

家庭暴力的表现形式复杂多样，符合以下四种类型中的一种情况的行为，就可以认定为家暴。

（1）身体暴力。指加害人通过殴打、捆绑受害人或限制受害人人身自由等，使受害人产生恐惧的行为。

（2）性暴力。指加害人以使受害人感到屈辱、恐惧、抵触的方式强迫其接受性行为，或残害受害人性器官等性侵犯行为。

（3）精神暴力。指加害人以侮辱、谩骂或者不予理睬、不给治病、不肯离婚等手段对受害人进行精神折磨，使受害人产生屈辱、恐惧、无价值感等。

（4）经济控制。指加害人通过对夫妻共同财产和家庭收支状况的严格控制，摧毁受害人的自尊心、自信心和自我价值感，以达到控制受害人的目的的行为。

相关法律部门决定对实施家暴的犯罪嫌疑人、被告人取保候审的，为了确保被害人及其子女和特定亲属的安全，法律部门可以依法责令犯罪嫌疑人、被告人不得再次实施家庭暴力；不得侵扰被害人的生活、工作、学习；不得进行酗酒、赌博等活动；经被害人申请且有必要的，责令不得接近被害人及其未成年子女。情节严重者，会受到法律的制裁。

离婚后，哺乳期的子女应由谁来抚养？

生活小案例

张某和王某因一场宴会结识，不久两人坠入爱河，并决定"闪婚"。婚后丈夫王某在家里是"巨婴"模式的存在，经常沉迷于游戏无法自拔。妻子张某自从生下宝宝后，更是一个人处理所有家务，感觉身心疲惫。于是在宝宝第20个月的时候，张某和王某准备离婚。但两人都想要宝宝的抚养权，20个月的宝宝应由谁来抚养？

案例分析

本案的争议焦点在于离婚后哺乳期的子女抚养权的归属。根据《民法典》的规定，离婚后，不满两周岁的子女，以由母亲直接抚养为原则。本案中，张某和王某离婚虽不能消除父母和子女之间的关系，但抚养方式发生了变化。因考虑到不满两周岁的子女哺乳的问题，应以母亲直接抚养为原则。因他们的孩子为20个月，不满两周岁，所以应由母亲张某抚养，父亲王某应当负担部分或者全部抚养费。

《中华人民共和国民法典》

第一千零八十四条 父母与子女间的关系，不因父母离婚而消除。离婚后，子女无论由父或者母直接抚养，仍是父母双方的子女。

离婚后，父母对于子女仍有抚养、教育、保护的权利和义务。

离婚后，不满两周岁的子女，以由母亲直接抚养为原则。已满两周岁的子女，父母双方对抚养问题协议不成的，由人民法院根据双方的具体情况，按照最有利于未成年子女的原则判决。子女已满八周岁的，应当尊重其真实意愿。

第一千零八十五条 离婚后，子女由一方直接抚养的，另一方应当负担部分或者全部抚养费。负担费用的多少和期限的长短，由双方协议；协议不成的，由人民法院判决。

前款规定的协议或者判决，不妨碍子女在必要时向父母任何一方提出超过协议或者判决原定数额的合理要求。

法条释义

以上条文是《民法典》对离婚后子女抚养、未成年子女抚养费的规定。

离婚后子女抚养的原则是：（1）不满两周岁的子女，考虑到哺乳期一般为两年，以母亲哺乳抚养为原则。（2）两周岁以上的未成年子女的抚养和优先抚养条件：在保障子女合法权益的前提下，结合父母双方的抚养能力和抚养条件等具体情况，法院以有利于子女身心健康为前提，处理离婚后子女抚养归属的问题。

离婚后，父母对子女都有抚养的义务。子女由一方直接抚养的，另一方应当负担部分或者全部抚养费。给付子女抚养费有三种方式：（1）定期给付和一次性给付；（2）以物折抵；（3）协议免除。

付不起抚养费，可以探望孩子吗？

生活小案例

林女士与贾先生离婚了。《离婚协议书》中约定：孩子由贾先生抚养。林女士每月支付抚养费两千元，每星期有一到两天的探望权，孩子可以在林女士家过一夜，每次探望由林女士自行负责接送孩子。

但是几年后，林女士收入水平下降了，经济状况十分窘困。由于入不敷出，林女士无奈之下停止支付孩子的抚养费。这时，贾先生以此事为由，拒绝林女士探望孩子。

对于贾先生的行为，林女士没有办法，只能请求法院确认自己对孩子的探望权，并且要求贾先生提供协助。那么，林女士的愿望能够实现吗？

 **案例分析**

本案争议的焦点在于抚养费和探望权是否有关联。抚养费的支付是为了满足子女生活和教育的需要，而探望权的行使是为了满足父母和子女在思想上沟通和交流的需要，二者设立的目的差别很大。

抚养费的支付和探望权的行使是相互独立的，一方不能以另一方未支付抚养费为由而拒绝另一方行使探望权；同时，另一方也不能以未行使探望权为由而拒绝支付抚养费。

在本案中，林女士之所以停止支付抚养费是有原因的，经济状况窘困，造成林女士没有支付能力，而并不是有意为之，应该得到理解。而探望权建立在血脉亲情形成的人身关系上，行使探望权的本意也是为了孩子的身心健康和情感需要，不应该直接与经济挂钩。

所以，法院应批评贾先生的行为，并明确林女士对孩子的探望权，要求贾先生必须提供协助，满足林女士和孩子相处的愿望。

 **关联法条**

《中华人民共和国民法典》

第一千零八十六条 离婚后，不直接抚养子女的父或者母，有探望子女的权利，另一方有协助的义务。

行使探望权利的方式、时间由当事人协议；协议不成的，由人民法院判决。

父或者母探望子女，不利于子女身心健康的，由人民法院依法中止探望；中止的事由消失后，应当恢复探望。

 **法条释义**

以上条文是《民法典》对探望权的规定。

探望权又称见面交往权，是指离婚后不直接抚养子女的父亲或母亲一方享有的与未成年子女联系、会面、交往、短期共同生活的权利。

探望权不仅是法律上规定的一种权利，更是一种基本人权。子女和父母之间基于血统关系而形成的情感，不会因为父母离婚而变化。而且，父母行使探望权的作用也是相当大的，它不仅可以达到继续教育子女的目的，而且影响子女的身心健康，对子女价值观的形成起到积极作用。

然而，我们要知道，虽然探望权是一种权利，但是人民法院也可以依法中止。父或者母探望子女，不利于子女身心健康的，由人民法院依法中止探望；中止的事由消失后，应当恢复探望。发生以下五种情况的时候，人民法院可以中止探望：

（1）探望权人是无行为能力人或者限制行为能力人；

（2）探望权人患有严重传染性疾病或者其他严重疾病，可能危及子女健康；

（3）探望权人在行使探望权时，对子女有侵权行为或者犯罪行为，损害子女利益；

（4）探望权人与子女感情严重恶化，子女坚决拒绝被探望；

（5）其他不利于子女身心健康的情形。

子女在成年后，便不存在探望权的问题，子女有权自己选择是否与父母见面。

离婚时，能否请求家务劳动补偿？

> 我全职在家照顾孩子、老人，离婚时，你得对我进行经济补偿。

生活小案例

小慧为了让自己的丈夫小潘在工作中心无旁骛，甘愿辞职在家育儿和照顾老人。随着事业的不断攀升，小潘越来越嫌弃家中的"黄脸婆"。小潘决定离婚的消息让小慧伤心不已，有什么办法可以补偿小慧这些年操持家务的付出呢？

案例分析

本案的争议焦点在于离婚时的家务劳动补偿问题。根据《民法典》的规定,夫妻一方因抚育子女、照料老人、协助另一方工作等负担较多义务的,离婚时有权向另一方请求补偿,另一方应当给予补偿。

本案中,小慧为了照顾家庭,放弃了自己的事业,对家庭的投入和付出都很大,停工多年再复工的压力和困难也比较多。离婚时,如果对补偿有协议约定的,可以参照协议分割。如果没有协议约定的,法院会对家庭付出较多义务的一方予以照顾。因此,小慧可以请求小潘对自己进行经济补偿。

关联法条

《中华人民共和国民法典》

第一千零八十八条 夫妻一方因抚育子女、照料老年人、协助另一方工作等负担较多义务的,离婚时有权向另一方请求补偿,另一方应当给予补偿。具体办法由双方协议;协议不成的,由人民法院判决。

法条释义

本条是《民法典》对离婚时家务劳动补偿的规定。家务劳动补偿是指在婚姻关系存续期间,一方在家务方面付出较多义务的,在离婚时有权请求另一方给予一定经济补偿的制度。家务劳动补偿是离婚制度中一项独立的制度,其性质既不同于离婚时共同财产的分割,也不同于离婚时的损害赔偿,是否行使补偿请求权,由请求权人自行决定。

　　这项制度的设立对于提升家务劳动的社会价值,保护对家庭贡献较多一方的合法权益,具有重要意义。

婚内丈夫出轨，妻子可以多分割财产吗？

生活小案例

王某和张某结婚六年，育有两个儿子。王某在婚姻关系存续期间与其他女人有同居关系，张某知悉此事后对王某进行多次劝阻均无果，遂向法院提起离婚诉讼。双方婚内共同财产有房屋一套、小轿车一辆。因王某婚内存在过错，张某想离婚时多分财产，这有法律依据吗？

 **案例分析**

本案的争议焦点在于无过错方是否有权请求离婚损害赔偿。根据《民法典》的规定，夫或妻一方因婚内与他人同居的过错情形导致离婚的，无过错方可以向过错方请求离婚损害赔偿。

本案中，王某的行为符合离婚损害赔偿责任的构成要件：第一，王某与张某尚未离婚，就与婚外第三人有同居关系；第二，王某的这种行为侵害了张某的配偶权，导致离婚。因此，过错方王某成为承担离婚损害赔偿的主体，张某有权利请求离婚损害赔偿，多分割婚内财产。

 **关联法条**

《中华人民共和国民法典》

第一千零九十一条 有下列情形之一，导致离婚的，无过错方有权请求损害赔偿：
（一）重婚；
（二）与他人同居；
（三）实施家庭暴力；
（四）虐待、遗弃家庭成员；
（五）有其他重大过错。

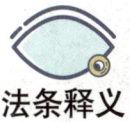 **法条释义**

本条是《民法典》对离婚过错损害赔偿的规定。

离婚过错损害赔偿，是指配偶一方因过错实施法律规定的违法行为，导致婚姻关系破裂，离婚时由过错方向无过错方承担侵权损害赔偿责任。离婚过错损害赔偿的要件包括以下四个方面：

（1）行为人有过错，所谓"过错"是导致离婚的过错行为；

（2）有损害事实，即基于过错行为给配偶方造成了损害；

（3）过错行为与损害事实之间有因果关系，即过错行为导致了损害事实的发生；

（4）离婚过错损害赔偿请求权人为无过错方。

35周岁的单身男性可以收养未成年的女童吗?

生活小案例

王先生35周岁,事业有成,并无结婚打算。由于经常和本市福利院有工作接触,自己又非常喜欢小孩子,现在想收养一名3周岁的女童。王先生符合收养条件吗?

 **案例分析**

本案的争议焦点在于王先生是否具备收养人的资格。本案中，35周岁的未婚青年王先生虽然事业有成，也非常喜欢小孩子，但是，根据《民法典》的规定，无配偶者收养异性子女的，收养人与被收养人的年龄应当相差40周岁以上。所以，现阶段的王先生不符合收养女童的年龄条件，不能收养该女童。

 **关联法条**

《中华人民共和国民法典》

第一千零九十八条 收养人应当同时具备下列条件：

（一）无子女或者只有一名子女；

（二）有抚养、教育和保护被收养人的能力；

（三）未患有在医学上认为不应当收养子女的疾病；

（四）无不利于被收养人健康成长的违法犯罪记录；

（五）年满三十周岁。

第一千零九十九条 收养三代以内旁系同辈血亲的子女，可以不受本法第一千零九十三条第三项、第一千零九十四条第三项和第一千一百零二条规定的限制。

华侨收养三代以内旁系同辈血亲的子女，还可以不受本法第一千零九十八条第一项规定的限制。

第一千一百条 无子女的收养人可以收养两名子女；有子女的收养人只能收养一名子女。

收养孤儿、残疾未成年人或者儿童福利机构抚养的查找不到生父母的未成年人，可以不受前款和本法第一千零九十八条第一项规定的限制。

第一千一百零一条 有配偶者收养子女，应当夫妻共同收养。

第一千一百零二条 无配偶者收养异性子女的，收养人与被收养人的年龄应当相差四十周岁以上。

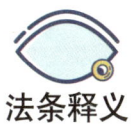

法条释义

以上条文是《民法典》对收养人资格的相关法律规定。

根据《民法典》的规定，下列未成年人可以成为被收养人，被他人依法收养：

（1）丧失父母的孤儿。此处是指失去父母的未满十八周岁的未成年人，由地方县级以上民政部门依据有关规定和条件认定。

（2）查找不到生父母的未成年人。

（3）生父母有特殊困难无力抚养的子女。如父母患有重大疾病、没有经济能力抚养子女等情况，可以将子女送养。

收养人需要具备一定的条件才可以收养被收养人。根据《民法典》的规定，通常情况下，收养人应同时具备下列条件：

（1）无子女或者只有一名子女。

（2）有抚养、教育和保护被收养人的能力。要从经济状况、品德思想、教育背景等多方面因素考虑收养人的能力。

（3）未患有在医学上认为不应当收养子女的疾病。收养人不能患有危害被收养人健康的传染性疾病或者精神性疾病。

（4）无不利于被收养人健康成长的违法犯罪记录。

（5）年满30周岁。收养人须满30周岁，是对有配偶者双方和无配偶者的共同要求。

收养人除须具备上述条件外，法律有特殊规定的，应当依照特殊规定。例如，无配偶者收养异性子女的，收养人与被收养人的年龄应当相差40周岁以上；华侨收养三代以内旁系同辈血亲的子女，不受"无子女或者只有一名子女"的限制。

收养他人孩子,可以收取费用吗?

方先生收养了亲戚庄某的5岁孩子壮壮,双方在收养协议中规定:庄某向方先生一次性支付被收养人壮壮的生活费3万元。任何一方违反约定,应当承担违约金20万元。收养协议签订后,二人在当地民政部门办理了收养手续。

两年后,由于壮壮和同学打架,方先生向受害人支付了医药费等赔偿金共计5万元。因为这件事情,方先生不想再抚养壮壮,并以壮壮顽皮为由提出解除收养协议。

庄某同意解除收养协议。但是,要求方先生退还当年的3万元抚养费用,并承担违约金20万元。方先生认为自己已经为壮壮殴打他人支付了5万元赔偿金,所以不能再返还抚养费和承担违约金。那么,法律会支持谁的观点呢?

生活小案例

 案例分析

　　本案的争议焦点在于收养人可否收取报酬。收养关系当事人愿意签订收养协议的，可以签订收养协议。在收养协议中，当事人不得约定收养报酬问题，收养人不得接受来自送养人的任何报酬。即使双方当事人自愿，这样的收养协议也属于违法和违背公序良俗的无效协议。

　　但是在本案例中，双方约定的费用不是报酬，而是被收养人以及收养人的生活费用。也就是庄某考虑到被收养人壮壮生活所需以及收养人的经济状况，自愿为被收养人和收养人支付一定的生活费用，这种约定是合法的。因此，庄某无权要求方先生返回3万元生活费。

　　那么，20万元的违约金方先生需要赔偿吗？因为收养协议是设定身份关系的协议，所以尽管庄某与方先生之间达成了协议，但是庄某不能基于该协议要求方先生承担违约责任。所以，庄某也无权要求方先生支付20万元违约金。

关联法条

《中华人民共和国民法典》

　　第一千一百零四条　收养人收养与送养人送养，应当双方自愿。收养八周岁以上未成年人的，应当征得被收养人的同意。

　　第一千一百零五条　收养应当向县级以上人民政府民政部门登记。收养关系自登记之日起成立。

　　收养查找不到生父母的未成年人的，办理登记的民政部门应当在登记前予以公告。

　　收养关系当事人愿意签订收养协议的，可以签订收养协议。

　　收养关系当事人各方或者一方要求办理收养公证

的，应当办理收养公证。

县级以上人民政府民政部门应当依法进行收养评估。

法条释义

以上条文是《民法典》对收养关系和收养程序的相关法律规定。

收养行为不仅要双方自愿，而且收养八周岁以上未成年人，还要征得被收养人的同意，这是对被收养人权利的肯定。

收养行为一旦发生法律效力，便产生两个方面的法律效果：一是在收养人和被收养人之间，产生法定的父母子女关系；二是对被收养人及其生父母之间的父母子女关系，以及基于此的其他亲属关系同时消灭。

由于收养法律行为可以导致当事人人身关系和民事权利义务的变化，所以法律对于收养行为一般都会规定比较严格的条件。符合这些条件的当事人在自愿、平等、协商的基础上，达成收养协议，按照法律规定的程序报主管机关进行收养登记后，收养关系便产生法律效力。

收养协议在民政局被公证过，那么收养关系便被承认。如果收养协议要有法律效力，就必须符合法律规定的条件和程序，也就是必须在当事人自愿平等的基础上，达成收养协议。在双方都同意的情况下收养协议是有法律效力的，而法律上也认可这种收养关系。

被收养人本人可以解除收养关系吗？

生活小案例

丹丹家里很穷，便被同村人收养。被收养后前几年过得还很好，但是在她10岁那年，养母突然怀孕了，并生下一个儿子。从此以后，养父养母对养女丹丹的态度改变了。

随着小宝渐渐长大，丹丹煮饭慢一点儿，犯一点儿错误都会被养母责骂，有时还会挨打、没有饭吃。初中毕业后，养父母不再让丹丹读书，勒令她出去打工，还要求她把工资上交，不得看望自己的亲生父母。

丹丹长大成人后，养父母越来越压榨她，工作多年的丹丹连一分钱都没有攒下，有这样的家庭也没人愿意与她结婚。因此，丹丹想要和养父母解除收养关系。她的愿望能够实现吗？

案例分析

本案的争议焦点在于被收养人本人是否可以解除收养关系。

有下列四种情形之一的，可以解除收养关系：一是养父母与成年养子女关系恶化，无法共同生活的；二是收养人不履行抚养义务，有虐待、遗弃等侵害未成年子女合法权益行为的；三是送养人行使对养父母子女关系的解除权的；四是因为养子女成年后，虐待、遗弃养父母的。

在本案例中，丹丹的养父母在有了自己亲生儿子以后，便对丹丹改变了态度，甚至出现打骂、不给饭吃、剥夺其受教育的权利的行为，在丹丹工作后还压榨丹丹，属于不履行扶养义务，虐待养女。所以，基于丹丹提交的诉讼材料和法院的查证，法院可认定养父母确实存在着虐待行为，同意丹丹的诉求，双方解除收养关系。

本案中的丹丹是在成年后，自己提出解除收养关系的。在养子女未成年时，也可以通过送养人解除收养关系。收养人不履行抚养义务，有虐待、遗弃等侵害未成年养子女合法权益行为的，送养人有权要求解除养父母与养子女间的收养关系。送养人、收养人不能达成解除收养关系协议的，可以向人民法院提起诉讼。

关联法条

《中华人民共和国民法典》

第一千一百一十五条 养父母与成年养子女关系恶化、无法共同生活的，可以协议解除收养关系。不能达成协议的，可以向人民法院提起诉讼。

第一千一百一十六条 当事人协议解除收养关系的，应当到民政部门办理解除收养关系登记。

第一千一百一十七条 收养关系解除后，养子女与养父母以及其他近亲属间的权利义务关系即行消除，与生父母以及其他近亲属间的权利义务关系自行恢复。但是，成年养子女与生父母以及其他近亲属间的权利义务关系是否恢复，可以协商确定。

法条释义

以上条文是《民法典》对解除收养关系的相关法律规定。

解除收养关系可以通过协议和法律诉讼两种途径来解决。协议解除收养关系，要征得当事人同意。不仅仅是征得收养人和送养人的同意，如果被收养人八周岁以上，还应当征得被收养人同意。通过法律诉讼解除收养关系，人民法院会根据实际情况加以调节或者直接解除。

收养关系解除后，拟制血亲关系解除，自然血亲关系恢复。但是，子女成年以后，与生父母是否恢复关系，可以通过协商确定。如果通过协商又不打算恢复关系的，那么就会出现一种特殊情况，即这个人没有法律上的父母。当然，这种情况是允许出现的。

养父母收养孩子的初衷一般是为了老有所依，但是在收养关系解除的情况下，养子女也就随之没有赡养养父母的责任了吗？为了避免出现这种情况，法律规定对缺乏劳动能力又缺乏生活来源的养父母，养子女应当给付生活费。而且，若是养子女虐待或者遗弃养父母，养父母更是可以通过法律手段来维护自己的利益，要求养子女补偿收养期间支出的抚养费。

继承编：
遗产应如何分配

保险金能继承吗?

受益人所得保险金。

意外保险

生活小案例

司机孙某(未婚)经常以自家车帮人送货。某日,孙某在运送货物时因操作不当,在铁路道口与火车相撞,当场死亡,并负事故全部责任。事后发现,孙某生前在保险公司除投保了车损险外,还投保了人身意外伤害险,并指定其母亲为受益人。因孙某死亡而产生的两份保险金,孙某的母亲是否都能继承?

 **案例分析**

本案主要涉及保险金是否属于遗产的问题。根据《民法典》的规定，遗产是指自然人死亡时遗留的个人合法财产。所以，孙某的母亲作为法定继承人只能继承孙某死亡时遗留的个人合法财产。

本案中，保险金是否属于遗产，应区分情况进行认定：（1）孙某投保的车损险，系财产保险。根据相关司法解释的规定，财产保险金属于被保险人的遗产，可以依法继承。因此，在孙某没有订立遗嘱的情形下，孙某的母亲可以以第一顺位继承人的身份进行继承。但孙某的母亲在继承遗产的同时也要清偿孙某生前所欠的债务。（2）孙某投保了人身意外伤害险，并指定了受益人，该伤害保险属于人身险。根据相关法律和司法解释的规定，指定了受益人的人身保险金应付给受益人，不属于遗产。因此，孙某的母亲可以受益人的身份，而不是以继承人的身份获得该保险金。因该保险金不属于遗产，孙某的母亲也不需要以该保险金偿还孙某生前所欠的债务。

 **关联法条**

《中华人民共和国民法典》

第一千一百二十二条 遗产是自然人死亡时遗留的个人合法财产。

依照法律规定或者根据其性质不得继承的遗产，不得继承。

《中华人民共和国保险法》

第四十二条 被保险人死亡后，有下列情形之一的，保险金作为被保险人的遗产，由保险人依照《中华人民共和国继承法》的规定履行给付保险金的义务：

（一）没有指定受益人，或者受益人指定不明无法确定的；

（二）受益人先于被保险人死亡，没有其他受益人的；

（三）受益人依法丧失受益权或者放弃受益权，没有其他受益人的。

受益人与被保险人在同一事件中死亡，且不能确定死亡先后顺序的，推定受益人死亡在先。

法条释义

以上是关于遗产的范围的规定。

需要注意的是，保险金是否属于遗产？对此，依据相关法律和司法解释的规定，保险金是否属于遗产取决于保险的类型以及被保险人是否指定了受益人：（1）财产险的保险金可以作为遗产继承。因为财产险不存在指定受益人的问题，所以财产险的保险金属于被保险人的财产，可以继承。（2）人身险的保险金如何处理则取决于是否指定了受益人。如果指定了受益人，当保险事故发生后，保险金就直接赔付给受益人，保险金不属于被保险人的财产，自然就不存在是否继承的问题。若未指定受益人，当被保险人死亡后，其人身险的保险金应作为遗产处理，可以用来清偿债务或者赔偿。

继承编：遗产应如何分配 73

法定继承、遗嘱继承、遗赠扶养协议，哪个效力优先？

继承开始后，按照法定继承办理；有遗嘱的，按照遗嘱继承或者遗赠办理；有遗赠扶养协议的，按照协议办理。

生活小案例

张大爷妻子早亡，留下两个年幼的儿子张甲和张乙。长子张甲先成家，随后便对父亲不再理会。而次子张乙则一直与张大爷一同生活，照顾张大爷的起居。张大爷因为次子张乙对自己孝顺有加，遂立下自书遗嘱将房屋和存款留给张乙，遗嘱交由张乙保管。谁知张乙拿到遗嘱后就变了一个人，也开始不愿意照顾年迈的父亲，把老人视为累赘，只是偶尔看看老人。现在张大爷自己独居，无人照顾，邻居王某是个热心肠，经常照顾他。张大爷非常感动，后悔将财产留给次子张乙。随后张大爷与王某协商后签订了一份遗赠扶养协议，将自己的房屋留给邻居王某，王某承担老人的生养死葬，而且遗赠扶养协议经过了公证。张大爷的遗产应该由谁继承？

案例分析

本案主要涉及不同的继承方式之间的顺序问题。本案中，张大爷定有自书遗嘱，将房屋和存款留给小儿子；随后，其与王某协商后签订了一份遗赠扶养协议，将自己的房屋留给邻居王某，王某承担老人的生养死葬，而且遗赠扶养协议经过了公证。以上自书遗嘱和遗赠扶养协议不存在无效情形，应当按照其内容来处理张大爷的遗产。对此，根据《民法典》的规定，继承开始后，按照法定继承办理；有遗嘱的，按照遗嘱继承或者遗赠办理；有遗赠扶养协议的，按照协议办理。所以，张大爷的遗产首先应按照遗赠扶养协议办理，将房屋分给王某；然后按照自书遗嘱办理，但因遗赠扶养协议的存在而改变了原自书遗嘱中房屋的继承，故小儿子只能继承存款；最后，如果张大爷还有其他财产，应按照法定继承办理，由两个儿子依法继承。

《中华人民共和国民法典》

第一千一百二十三条 继承开始后，按照法定继承办理；有遗嘱的，按照遗嘱继承或者遗赠办理；有遗赠扶养协议的，按照协议办理。

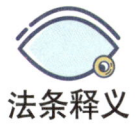

法条释义

本条是《民法典》关于遗嘱继承优先原则的规定。

遗嘱优先原则,是指在继承开始后,首先看是否有效遗嘱,先适用遗嘱继承,不能适用遗嘱继承时才按照法定继承办理。遗嘱优先原则包括两个方面:(1)遗嘱继承优先于法定继承。当被继承人留有有效遗嘱的,按照被继承人的遗嘱进行继承。(2)遗赠扶养协议优先于遗嘱。这是因为遗赠扶养协议约定的是义务人负责被继承人的生养死葬,被继承人因此赠与其遗产,所以排斥遗嘱继承的效力。由此可见,在同一继承事件中,如果同时存在法定继承、遗嘱继承以及遗赠扶养协议,遗赠扶养协议优先于遗嘱继承,遗嘱继承优先于法定继承。

需要注意的是,对于以下几种情况,虽然被继承人立有遗嘱,但是遗产中的有关部分仍应按照法定继承办理:(1)遗嘱继承人放弃继承或者受遗赠人放弃受遗赠的;(2)遗嘱继承人丧失继承权的;(3)遗嘱继承人、受遗赠人先于遗嘱人死亡的;(4)遗嘱无效部分所涉及的遗产;(5)遗嘱未涉及的遗产,可直接按照法定继承处理。

口头放弃继承遗产有效吗？

生活小案例

元某的三子一女，均对元某孝顺有加。长子常年做生意，经营良好，把父亲元某接来共同居住。元某弥留之际将几个儿女和两位律师叫到病床前，决定将其财产的三分之二留给生活相对困苦的小儿子，其余的未作任何处理。元某死后，长子口头声明自己那份遗产不要了，都留给其余的人均分。但是在遗产最后分割之前，长子与小儿子因为元某丧葬一事发生争执，长子遂决定要回自己应得的那份遗产，可以吗？

案例分析

本案主要涉及遗产继承的放弃问题。根据《民法典》的规定，继承开始后，按照法定继承办理；有遗嘱的，按照遗嘱继承办理。本案中，被继承人元某在弥留之际订立遗嘱将其财产的三分之二留给小儿子，该遗嘱合法有效；对于遗嘱未处分的三分之一财产，应按照法定继承办理，即由元某的三子一女共同继承。然而，在遗产处理前，长子口头放弃了继承。对于该行为，根据《民法典》的规定，长子口头放弃继承的行为是无效的，因为放弃继承的意思表示要在遗产处理前以书面形式作出。因此，长子有权反悔并按照法律规定继承遗产。

关联法条

《中华人民共和国民法典》

第一千一百二十四条 继承开始后，继承人放弃继承的，应当在遗产处理前，以书面形式作出放弃继承的表示；没有表示的，视为接受继承。

受遗赠人应当在知道受遗赠后六十日内，作出接受或者放弃受遗赠的表示；到期没有表示的，视为放弃受遗赠。

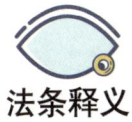
法条释义

本条是《民法典》关于继承的接受和放弃的规定。从《民法典》的规定可知，继承人对于继承的接受和放弃应作出特定的意思表示：继承人放弃继承的，必须在遗产处理前以书面形式作出放弃继承的意思表示。放弃继承的意思表示，原则上由继承人本人作出，他人不得代理。

杀害配偶后还能分得对方遗产吗？

生活小案例

亢某（女）与李某（男）婚后育有一女。某晚，二人睡前因琐事争吵几句，半夜李某竟然将妻子残忍杀害。案发后，公安机关经过立案侦查、多次司法鉴定，确定李某是精神病患者，因争吵导致其犯病，才出现杀人行为，案发时李某是无行为能力人。随后，李某被送到市精神病院进行治疗。事后，亢某的父母要求继承女儿的遗产，同时认为李某杀害亢某应丧失继承权。李某的继承权是否丧失？

案例分析

本案涉及继承权的丧失问题。依据《民法典》的规定，继承人故意杀害被继承人的，丧失继承权。本案中，继承人李某确实存在杀害被继承人亢某的行为，但是李某杀人时是无行为能力人，不能辨认和控制自己的行为，其行为不构成犯罪。因此，李某不属于故意杀害被继承人，不应丧失继承权。所以，亢某的遗产应由其父母、女儿和配偶李某继承。但是，如果是完全民事行为能力人，作出故意杀害配偶的恶劣行为，不仅不能继承遗产，更会遭到法律的严厉制裁。

《中华人民共和国民法典》

第一千一百二十五条　继承人有下列行为之一的，丧失继承权：

（一）故意杀害被继承人；

（二）为争夺遗产而杀害其他继承人；

（三）遗弃被继承人，或者虐待被继承人情节严重；

（四）伪造、篡改、隐匿或者销毁遗嘱，情节严重；

（五）以欺诈、胁迫手段迫使或者妨碍被继承人设立、变更或者撤回遗嘱，情节严重。

继承人有前款第三项至第五项行为，确有悔改表现，被继承人表示宽恕或者事后在遗嘱中将其列为继承人的，该继承人不丧失继承权。

受遗赠人有本条第一款规定行为的，丧失受遗赠权。

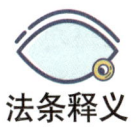

法条释义

本条是《民法典》关于继承权的丧失和恢复的规定。

继承权的丧失，是指继承人有法律禁止的一种或者多种行为时，丧失继承遗产的资格。依据《民法典》的规定，继承人有下列行为之一的，丧失继承权：

（1）故意杀害被继承人。需要满足以下条件：①实施杀害行为的人必须是继承人。继承人包括法定继承人和遗嘱继承人。②继承人实施了杀害被继承人的行为。至于杀害的目的，在所不问。③须存在杀害被继承人的故意。如果行为人在杀害被继承人时处于无意识状态，或者其他丧失自主意识的情况，则不影响继承权。继承人如果因正当防卫而杀害被继承人，一般也不会丧失继承权。

（2）为了争夺遗产杀害其他继承人。如果不是为了遗产而杀人，则不会导致继承权的丧失。

（3）伪造、篡改、隐匿或者销毁遗嘱，情节严重的。需要注意的是，继承人伪造、篡改、隐匿或者销毁被继承人的遗嘱，只有情节严重的，才会丧失继承权。

（4）遗弃被继承人，或者虐待被继承人且情节严重的。需要注意的是，只要继承人遗弃被继承人就会丧失继承权，而继承人虐待被继承人须情节严重，才丧失继承权。

（5）以欺诈、胁迫手段迫使或者妨碍被继承人设立、变更或者撤回遗嘱，情节严重的。

本条还规定了继承权的相对丧失。上文中除故意杀害被继承人或者为了争夺遗产而杀害其他继承人以外，发生其他的情形，如果继承人确有悔改表现，被继承人表示宽恕或者事后在遗嘱中将其列为继承人的，该继承人可以继承被继承人的遗产。对继承人的"宽恕制度"保障了被继承人的遗嘱自由，尊重了被继承人的个人意愿，更加重视被继承人的意思自治。

哪些人享有继承权？

生活小案例

李乙（男）是李甲的次子、赵某（女）的丈夫，某日在煤矿上班时不幸死亡。后经查实，李乙与赵某婚后生育一女李丙。赵某之前与前夫张甲生育一子张乙。赵某与李乙结婚后，张乙没有与其共同生活，一直随其祖父生活。本案中，谁有权继承李乙的遗产？

案例分析

本案主要涉及法定继承人的范围问题。由于本案死者李乙未设立遗嘱,所以遗产适用法定继承。依据《民法典》的规定,配偶、子女(包括有扶养关系的继子女)、父母属于法定的第一顺序继承人。继承开始后,由第一顺序继承人继承。因此,本案中,妻子赵某、女儿李丙、父亲李甲均是第一顺序继承人,享有继承权;而张乙并没有继承权,因为张乙与李乙虽然为继父子关系,但是没有共同生活,没有形成扶养关系,故张乙不是李乙的法定继承人,不能继承其遗产。

综上所述,李乙的遗产,应当由妻子赵某、女儿李丙、父亲李甲三人依法继承。

关联法条

《中华人民共和国民法典》

第一千一百二十七条 遗产按照下列顺序继承:

(一)第一顺序:配偶、子女、父母;

(二)第二顺序:兄弟姐妹、祖父母、外祖父母。

继承开始后,由第一顺序继承人继承,第二顺序继承人不继承;没有第一顺序继承人继承的,由第二顺序继承人继承。

本编所称子女,包括婚生子女、非婚生子女、养子女和有扶养关系的继子女。

本编所称父母,包括生父母、养父母和有扶养关系的继父母。

本编所称兄弟姐妹,包括同父母的兄弟姐妹、同父异母或者同母异父的兄弟姐妹、养兄弟姐妹、有扶养关系的继兄弟姐妹。

第一千一百二十九条 丧偶儿媳对公婆,丧偶女婿对岳父母，尽了主要赡养义务的，作为第一顺序继承人。

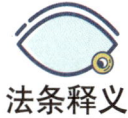
法条释义

以上条文是《民法典》关于法定继承人的范围及继承顺序的规定。

继承权，是指公民依照法律的规定或者被继承人生前立下的合法有效的遗嘱承受被继承人遗产的权利。依据《民法典》的规定，男女都享有平等的继承权。继承权平等表现在：女儿与儿子享有平等继承权；非婚生子女与婚生子女享有平等继承权；养子女与亲生子女享有平等继承权；儿媳与女婿享有平等继承权；同一顺位继承人享有平等继承权。

法定继承，是指在没有遗嘱的情况下，由法律直接规定继承人范围、继承顺序、遗产分配原则的一种继承方式。对于法定继承，需要注意以下两个问题：（1）关于法定继承人范围的规定具有法定性与强行性。只有法律确定的主体才具有法定继承权，其他人可以继承遗产，但并不是基于法定继承人的身份。依据《民法典》的规定，法定继承人包括：第一顺序继承人：配偶、子女、父母、尽了主要赡养义务的丧偶儿媳和丧偶女婿；第二顺序继承人：兄弟姐妹、祖父母、外祖父母。（2）法定继承具有顺位性。法定继承人继承遗产时，按照以下顺位进行：有第一顺位继承人的，由第一顺位继承人继承遗产，第二顺位继承人没有继承权；没有第一顺位继承人时才由第二顺位继承人继承遗产。

被继承人的侄子、侄女（外甥、外甥女）是否享有继承权？

> 两人同时死亡，互不发生继承。

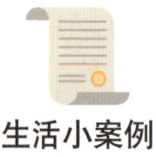

生活小案例

于某（女）与李某（男）为夫妻关系。某晚，二人在驱车前往超市的路上发生车祸死亡，经鉴定也无法得知谁先死亡。现查明，二人未生育子女，于某的父母均在世，而李某年幼时父母就双亡，只有一个哥哥李甲。但是李甲也于去年病重身亡，留有一子李乙。于某和李某的遗产应该如何分配？

案例分析

本案主要涉及被继承人死亡的先后推定和代位继承问题。根据《民法典》的规定，继承从被继承人死亡时开始；相互有继承关系的数人在同一事件中死亡，难以确定死亡时间，都有其他继承人并且辈份相同的，推定同时死亡，相互不发生继承。被继承人的兄弟姐妹先于被继承人死亡的，由被继承人的兄弟姐妹的子女代位继承。本案中，无法确定于某和李某死亡的先后顺序，二人辈份相同且均有继承人，应推定二人同时死亡，互不发生继承，遗产由各自的继承人继承。因此，于某的遗产应由其父母继承，而李某的遗产应由其已经死亡的哥哥李甲的儿子李乙代位继承。

关联法条

《中华人民共和国民法典》

第一千一百二十一条　继承从被继承人死亡时开始。

相互有继承关系的数人在同一事件中死亡，难以确定死亡时间的，推定没有其他继承人的人先死亡。都有其他继承人，辈份不同的，推定长辈先死亡；辈份相同的，推定同时死亡，相互不发生继承。

第一千一百二十八条　被继承人的子女先于被继承人死亡的，由被继承人的子女的直系晚辈血亲代位继承。

被继承人的兄弟姐妹先于被继承人死亡的，由被继承人的兄弟姐妹的子女代位继承。

代位继承人一般只能继承被代位继承人有权继承的遗产份额。

法条释义

以上条文是《民法典》关于继承开始的时间、被继承人死亡时间的先后推定和代位继承的规定。

根据《民法典》的规定,继承从被继承人死亡时开始。对于相互有继承关系的数人在同一事件中死亡,难以确定死亡时间的,应严格按照以下顺序推定其死亡时间:(1)没有其他继承人的人先死亡。所谓"没有其他继承人的人",是指除在同一事件中死亡的相互有继承关系的人之外,此人不再有其他的继承人。(2)如果每个人都有其他继承人,则推定长辈先死亡。晚辈继承长辈的遗产,然后晚辈再死亡。(3)如果每个人都有其他继承人,且辈份相同(如夫妻),则推定同时死亡,彼此不发生继承,由他们各自的继承人继承。

代位继承是指继承人先于被继承人死亡的,由继承人的直系晚辈血亲代替被继承人的继承人继承遗产的制度。能够代位继承的份额是被代位继承人有权分得的部分。根据《民法典》的规定,代位继承分为两种:(1)被继承人的子女的直系晚辈血亲的代位继承。(2)旁系血亲的代位继承。即如果没有第一顺位继承人,第二顺位继承人中的兄弟姐妹又先于被继承人死亡的,由被继承人的兄弟姐妹的子女代位继承。所以,代位继承人必须是被代位继承人的直系晚辈血亲。因此,这也意味着,被继承人的侄子、侄女(外甥、外甥女)在特定情况下也是享有继承权的。《民法典》的新规定,扩大了继承人的范围,有利于保护我国公民私人财产,同时也鼓励晚辈照顾旁系的老人,有助于社会的和谐稳定,弘扬良好的社会风尚。

"好心人"可以获得遗产吗？

生活小案例

徐奶奶是一个孤寡老人，一个人生活。住在隔壁的冯阿姨常常帮助徐奶奶做一些力所能及的事，平时还经常去看望徐奶奶，陪老人说话聊天，把老人家的生活所需全部安排妥当。

后来，徐奶奶开始行动不便，冯阿姨见老人的房子年久失修，就干脆将徐奶奶接到了自己家一起居住。就这样，徐奶奶跟冯阿姨一家，就像亲人一样相处十多年。徐奶奶去世后，冯阿姨按照当地风俗，为她操办了后事。

没过多久，村子拆迁，徐奶奶可以获得上百万元的拆迁补偿款。村民觉得这笔钱应该给冯阿姨，但是因为冯阿姨不是法定继承人，又没有遗赠法律文书，无法直接继承。那么，这件事情应该怎么办呢？

案例分析

本案的焦点在于没有继承资格是否可以继承遗产。徐奶奶的遗产属于无人继承又无人接受遗赠的遗产。《民法典》规定：死者生前是集体所有制组织成员的，遗产归所在集体所有制组织所有；不是的则遗产归国家所有，用于公益事业。在本案例中，徐奶奶的遗产应当归所在集体所有制组织所有。

但是，由于徐奶奶生前总是受到冯阿姨的照顾和帮助，村民都对冯阿姨的行为大加赞扬。再加上冯阿姨照顾了徐奶奶多年，时间跨度较长，实属不易，应予褒扬，符合法律规定的"扶养较多"情节，体现了中华民族的传统美德，是值得我们学习的高尚行为，她的合法权益理应得到法律的保护和支持。所以，冯阿姨应分得一半的遗产。剩下的遗产交由村里，逢年过节时作为福利分发给村里老人。

关联法条

《中华人民共和国民法典》

第一千一百三十一条　对继承人以外的依靠被继承人扶养的人，或者继承人以外的对被继承人扶养较多的人，可以分给适当的遗产。

第一千一百六十条　无人继承又无人受遗赠的遗产，归国家所有，用于公益事业；死者生前是集体所有制组织成员的，归所在集体所有制组织所有。

法条释义

以上条文是《民法典》关于继承人以外的人接受遗产的规定。

《民法典》第一千一百三十一条是由《中华人民共和国继承法》第十四条修改而来的。在《民法典》中，删除了"缺乏劳动能力又没有生活来源"的限制条件，更加重视被继承人的精神需求，更加人性化。

而且，法律所声明的"扶养"，不是法律上必须履行的义务，而是"好心人"善良，自觉自愿提供的帮助。所以，法律倡导公平互助的价值取向，也是对法定继承人的鞭策，使之明白：仅仅依靠血缘关系就想取得完全继承权的思维是不可取的。

从立法本意出发，对于继承人以外的对被继承人生前扶养较多的人，由于他们在被继承人生前尽了大量的扶养义务，这时候从被继承人遗产中分给他们适当的遗产，是完全符合"权利义务相统一"原则的，这既是对他们所尽义务的物质报偿，也是对他们高尚品格的肯定和赞许。

《民法典》第一千一百六十条是由《中华人民共和国继承法》第三十二条修改而来的。《民法典》中明确了无人继承又无人受遗赠的遗产归国家所有后的用途，有利于促进社会发展和进步，维护社会生产和生活的稳定。

冯阿姨分得一半的遗产。剩下的遗产交由村里，逢年过节时作为福利分发给村里老人。

遗嘱如何订立才有效？

生活小案例

张先生有三名子女，分别是张一、张二、张三。张先生重疾缠身后感觉时日无多，决意安排一下身后之事，遂找来两名好友，在两人的见证之下，以录像方式立下遗嘱。录像中，张先生表示在自己生病期间张一始终尽心照料，遂决定把自己的一套房产留给张一，存款二十万元则留给张二和张三，同时两位见证人在录像中说明立遗嘱的日期和自己的身份信息，张先生将录像交由其中一人保存。不久，张先生去世。在分割遗产时，张二和张三认为录像形式的遗嘱并非有效遗嘱，遗产应该按法定继承方式分割。他们的主张能否成立？

 **案例分析**

本案主要涉及如何有效订立遗嘱的问题。根据《民法典》的规定，订立遗嘱的方式有：自书遗嘱、代书遗嘱、录音录像遗嘱、口头遗嘱、公证遗嘱和打印遗嘱，《民法典》对每种遗嘱的法定形式要件予以明确规定。以录音录像形式立的遗嘱，应当有两个以上见证人在场见证；遗嘱人和见证人应当在录音录像中记录其姓名或者肖像，以及年、月、日。

本案中，有两名见证人见证，同时见证人在录像中表明了自己的身份和见证遗嘱的时间。所以，该录像遗嘱的订立形式是合法有效的。因此，张二和张三的主张不能成立，张某的遗产应该按照录像遗嘱的内容被继承。

 **关联法条**

《中华人民共和国民法典》

第一千一百三十四条　自书遗嘱由遗嘱人亲笔书写，签名，注明年、月、日。

第一千一百三十五条　代书遗嘱应当有两个以上见证人在场见证，由其中一人代书，并由遗嘱人、代书人和其他见证人签名，注明年、月、日。

第一千一百三十六条　打印遗嘱应当有两个以上见证人在场见证。遗嘱人和见证人应当在遗嘱每一页签名，注明年、月、日。

第一千一百三十七条　以录音录像形式立的遗嘱，应当有两个以上见证人在场见证。遗嘱人和见证人应当在录音录像中记录其姓名或者肖像，以及年、月、日。

第一千一百三十八条　遗嘱人在危急情况下，可以立口头遗嘱。口头遗嘱应当有两个以上见证人在场见证。危急情况消除后，遗嘱人能够以书面或者录音录像形式立遗嘱的，所立的口头遗嘱无效。

第一千一百三十九条　公证遗嘱由遗嘱人经公证机构办理。

第一千一百四十条　下列人员不能作为遗嘱见证人：

（一）无民事行为能力人、限制民事行为能力人以及其他不具有见证能力的人；

（二）继承人、受遗赠人；

（三）与继承人、受遗赠人有利害关系的人。

第一千一百四十一条　遗嘱应当为缺乏劳动能力又没有生活来源的继承人保留必要的遗产份额。

法条释义

以上条文是《民法典》关于订立遗嘱形式的规定。

遗嘱行为是要式法律行为，遗嘱人不依照法定的方式订立遗嘱，遗嘱不能发生效力。所以，《民法典》对各种遗嘱的订立条件都有明确的规定：（1）自书遗嘱。自书遗嘱要由遗嘱人亲笔书写并签名，不需要见证人。只要遗嘱人亲笔书写自己的意思表示即可，对遗嘱人没有特别的要求。该意思表示必须是遗嘱人对其死后财产处分的正式意思的表达，如果只是在日记或者信件中表达了一定的分配财产的意思，不能认定为是自书遗嘱。（2）代书遗嘱、打印遗嘱、录音录像遗嘱。以上三种遗嘱都要求有见证人在场，并且见证人要在遗嘱上签名或记录姓名，注明年、月、日。同时录音录像遗嘱还要遗嘱人、见证人将有关视听资料封存，并签名、注明日期。（3）口头遗嘱。口头遗嘱需要满足以下几个条件：①必须有两个以上的见证人在场见证；②遗嘱人在紧急情况下，不能以其他方式设立遗嘱；③不存在紧急情况解除后，遗嘱人能够利用其他形式订立遗嘱的情形。（4）公证遗嘱。公证遗嘱是指通过法律规定的程序、形式订立的经过公证的遗嘱。公证遗嘱是最严格的遗嘱，比其他形式的遗嘱更能保障意思的真实性。公证遗嘱需要由遗嘱人亲自申办，在公证员面前亲自书写或者口授，合法的公证员依法作出公证。如果公证人违反回避规定，公证遗嘱不能产生法律效力。

订立遗嘱除符合以上形式上的要求外，还必须符合以下几个实质要件：（1）遗嘱人在订立遗嘱时应该具有完全民事行为能力。如果是无民事行为能力人所立的遗嘱，即使其本人日后恢复了行为能力，仍属无效遗嘱。但是遗嘱人立遗嘱时有行为能力，后来丧失了行为能力，不影响遗嘱的效力。需要注意的是，聋、哑、盲等有生理缺陷但是精神没有问题的成年人，属于完全行为能力人，他们有权订立遗嘱。（2）遗嘱的内容合法。（3）遗嘱人在遗嘱中所处分的财产必须是有处分权的个人财产，不得处分非本人的财产。（4）遗嘱必须是遗嘱人真实的意思表示。遗嘱人受到欺诈、胁迫订立的遗嘱无效。

存在多份遗嘱时,哪份有效?

生活小案例

李大爷育有两子一女,父慈子孝,老人生活富足。某日,李大爷订立一份公证遗嘱,将其遗产的30%留给长子,其余部分由女儿和小儿子均分。长子却认为,女儿不应分得遗产,遂与老人发生争执,将李大爷气病住院。李大爷生病期间,不见长子身影,老人遂又订立一份自书遗嘱,将遗产留给女儿和小儿子。李大爷缠绵病榻多日,回顾一生感触颇多,临终之际叫来儿女,当着众位医生、护士的面宣布,其个人财产由三个子女均分,随后安详离去。李大爷的遗产分配应该按照哪份遗嘱执行?

 **案例分析**

　　本案涉及多份遗嘱如何适用的问题。本案中，李大爷生前一共订立了三份遗嘱，分别是公证遗嘱、自书遗嘱、口头遗嘱，且每一份遗嘱的内容均不相同。根据《民法典》的规定，遗嘱人可以撤回、变更自己所立的遗嘱。立有数份遗嘱，内容相抵触的，以最后的遗嘱为准。因此，李大爷订立的最后一份口头遗嘱是有效的，之前订立的遗嘱因与这份口头遗嘱相抵触而无效。所以，李大爷的遗产分配应该按照口头遗嘱执行。

 **关联法条**

《中华人民共和国民法典》

　　第一千一百四十二条　遗嘱人可以撤回、变更自己所立的遗嘱。

　　立遗嘱后，遗嘱人实施与遗嘱内容相反的民事法律行为的，视为对遗嘱相关内容的撤回。

　　立有数份遗嘱，内容相抵触的，以最后的遗嘱为准。

 **法条释义**

　　本条是《民法典》关于遗嘱撤回、变更和遗嘱效力冲突的规定。

　　遗嘱撤回，是指遗嘱人订立了遗嘱之后，又通过其他的方式取消了原来订立的遗嘱。遗嘱变更，是指遗嘱人通过有效的方式对之前所订立的遗嘱内容进行修改。

　　遗嘱人可以在订立遗嘱后的任意时间，基于任意的理由进行遗嘱的变更或者撤销。但是，要满足一定的要件：（1）遗嘱人具有完全民事行为能力。无民事行为能力人或者限制民事行为能力人作出的变更或者撤销行为是无效的。（2）须是遗嘱人的真实意思表示。（3）遗嘱人须依照法定的形式和程序作出有效的意思表示。既可以通过明确的意思表示撤回或变更遗嘱，也可以通过订立数份内容相抵触的遗嘱予以撤回或变更；还可以通过遗嘱人故意销毁遗嘱等特定的方式撤回或变更遗嘱。

此外需要注意的是，遗嘱人订立了数份遗嘱，内容相抵触的，以设立在后的遗嘱效力优先。这一规定改变了原本公证遗嘱效力优先的规定，切实尊重遗嘱人的真实意愿，满足人民群众处理遗产的现实需要。

胁迫被继承人修改遗嘱，修改后的遗嘱有效吗？

生活小案例

王某（女）中年丧偶，育有两子李某文与李某武。王某老年患有脑血栓，行动不便，一直由儿子李某武照顾，李某文从母亲患病以来一直未行照顾之责。某日，王某立下自书遗嘱将所有财产均交付给儿子李某武。李某文得知母亲已经立下遗嘱且未给自己留有财产后，多次找到母亲说："我活不了，你们谁也别想好好活，我就看他有没有这个命来继承你的财产。"多次如此后，王某心生惧意，遂变更遗嘱：两套房屋归李某武，存款和车子归李某文。几日之后，王某因心力交瘁，病情恶化，撒手人寰。李某文能按照修改后的遗嘱继承王某的遗产吗？

案例分析

本案主要涉及遗嘱无效的情况。本案中，被继承人王某生前设立了遗嘱，所以其遗产应当按照遗嘱继承。虽然王某后来修改了遗嘱，但是第二份遗嘱是王某在受到李某文胁迫后不得已作的变更，违背其真实意思。根据《民法典》规定，遗嘱人受到欺诈、胁迫而订立的遗嘱是无效遗嘱。所以，第二份遗嘱对第一份遗嘱的变更是无效的。同时，王某立下的第一份遗嘱并不存在无效的情形。因此，王某的遗产应该依据第一份遗嘱，由李某武继承。

关联法条

《中华人民共和国民法典》

第一千一百四十三条　无民事行为能力人或者限制民事行为能力人所立的遗嘱无效。

遗嘱必须表示遗嘱人的真实意思，受欺诈、胁迫所立的遗嘱无效。

伪造的遗嘱无效。

遗嘱被篡改的，篡改的内容无效。

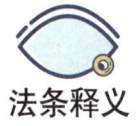

法条释义

本条是《民法典》关于遗嘱无效的规定。

遗嘱无效,是指遗嘱因不符合法律的规定而不能发生法律效力。遗嘱无效的后果是不能依照无效遗嘱处分遗产。依据相关法律和司法解释的规定,有下列情形之一的,遗嘱无效或部分无效:(1)无民事行为能力人或者限制民事行为能力人所设立的遗嘱;(2)受胁迫、受欺诈所设立的遗嘱;(3)伪造的遗嘱;(4)遗嘱被篡改的,篡改的内容无效,但是不影响未被篡改部分的法律效力;(5)遗嘱中处分了不属于遗嘱人自己财产的部分无效,但是遗嘱人死亡前取得该财产权利的视为有效;(6)代理订立的遗嘱;(7)遗嘱非法处分应该给缺乏劳动能力又无生活来源的继承人留有的份额,该部分遗嘱内容无效。

还没有继承遗产便再婚，还有继承权吗？

生活小案例

赵老和叶阿姨是一对夫妻，两人没有子女，相依为命。赵老身体不好，平时看病吃药花销巨大，叶阿姨一直在旁细心照顾。赵老有侄子侄女，对老两口都比较关心，所以两人晚年生活也不错。

这一年，赵老病逝。赵老有两处房子，由于种种原因，遗产并没有很快分割清楚。就在这个时候，叶阿姨遇到了张大爷，两个人很快组建了新的家庭。

然而赵家人认为，叶阿姨在遗产还没有分割清楚之前就选择再婚，已经不是赵家的人了，她的遗产继承权就应该自动消失。叶阿姨认为，自己应该享有继承权。那么，叶阿姨是否享有继承权呢？

 **案例分析**

本案争议焦点在于继承权的时间划分。《民法典》中规定：继承从被继承人死亡时开始。也就是说，从赵老去世的时候，继承已经开始，叶阿姨作为合法继承人，已经取得了现实继承权。虽然叶阿姨在遗产分割以前没有实际取得该财产，但是该财产已经依法归叶阿姨所有。

在案例中，赵家人的观点是：叶阿姨在遗产还没有分割清楚之前就选择再婚，已经不是赵家的人了，她的遗产继承权就应该自动消失。其实从赵老去世那一刻开始，叶阿姨与赵老的婚姻关系就已经不存在了，并不是说叶阿姨改嫁以后婚姻关系才不存在的，叶阿姨并没有以书面形式作出放弃继承的表示，所以赵家人的理解是不对的。

显然赵家人剥夺叶阿姨继承权的做法是无理且不合法的。所以，叶阿姨继承财产后的处理方式任何人也不得干涉。

 **关联法条**

《中华人民共和国民法典》

第五十一条　被宣告死亡的人的婚姻关系，自死亡宣告之日起消除……

第一千一百二十一条　继承从被继承人死亡时开始……

第一千一百二十四条　继承开始后，继承人放弃继承的，应当在遗产处理前，以书面形式作出放弃继承的表示；没有表示的，视为接受继承。

受遗赠人应当在知道受遗赠后六十日内，作出接受或者放弃受遗赠的表示；到期没有表示的，视为放弃受遗赠。

第一千一百五十七条　夫妻一方死亡后另一方再婚的，有权处分所继承的财产，任何组织或者个人不得干涉。

法条释义

本条是《民法典》关于继承权的规定。

《民法典》中规定：配偶、子女、父母是第一顺序继承人。所以，配偶有权依照法律的直接规定或者被继承人所立的合法遗嘱，取得继承的遗产。在被继承人去世时，继承便已经开始了。

在遗产分割完毕后，继承人便享有对所分得遗产的所有权，也就有权在法律允许的范围内占有、使用和处分财产。如果是像案例中这样，配偶未得到遗产再婚的，同样有权对其应取得的遗产进行处分，既可以把该项财产带到再婚家庭中使用，也可赠送他人或作其他处理。

那么，如何处理遗产是继承人的权利，其他任何单位和个人都不得干涉或妨碍。否则，继承人可以请求人民法院，强制排除侵权人的干涉或妨碍，以保护自己的合法权益。

对于老人来说，丧偶之后再婚的现象不在少数，再婚对老年人来说，不仅可以在生活上得到照顾、扶持，更是可以在精神上得到慰藉。婚姻自由是我们每个人的基本权利，任何组织和个人不得干涉。

对于配偶逝世，生存方再婚的情况，法律专门作出规定，就是为了保护丧偶者，尤其是丧偶妇女带产改嫁这一合法行为。所以，如果有人以继承权为由限制他人婚姻自由，要懂得运用法律武器，保护个人合法权益。

养老院能否取得老人的遗产?

生活小案例

老张是一名孤寡老人,中年丧妻,晚年丧子,以致最后膝下无儿无女,也没有可以托付晚年的亲戚朋友。随着身体机能的衰退,老张不得不考虑自己的身后事。在此情况下,老张决定入住养老院。经过考察,老张觉得有家养老院的负责人心地善良,随后便与该养老院签订协议,协议中约定:养老院负责照料老张的老年生活,而老张去世后则将其所有的财产留给养老院。养老院能否依法取得老人的遗产?

案例分析

本案涉及遗赠扶养协议的受赠人资格问题。根据《民法典》的规定，自然人可以与继承人以外的组织或者个人签订遗赠扶养协议。所以，养老机构也可以成为受遗赠的对象。

本案中，老张与养老院基于合意签订合法的遗赠扶养协议。协议规定：养老院负责照料老张的老年生活，在老张去世后养老院取得老张的所有财产。所以，养老院有权接受老张的遗赠。

关联法条

《中华人民共和国民法典》

第一千一百五十八条　自然人可以与继承人以外的组织或者个人签订遗赠扶养协议。按照协议，该组织或者个人承担该自然人生养死葬的义务，享有受遗赠的权利。

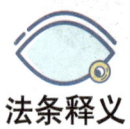

法条释义

本条是《民法典》关于遗赠扶养协议的规定。

遗赠扶养协议，是指遗赠人和扶养人之间订立的，扶养人承担遗赠人生养死葬的义务，遗赠人的财产于其死后转归扶养人所有的协议。遗赠扶养协议是遗赠人生前与扶养方签订，只有在遗赠方和扶养方双方自愿协商一致的基础上才能成立。而扶养人只能等到遗赠人死亡后才能取得遗产，生前不得提出取得财产的要求。同时，当事人应当向公证机关提交遗赠扶养协议。

《民法典》在原《中华人民共和国继承法》的基础上扩大了扶养人的范围，明确自然人可以与继承人以外的组织或者个人签订遗赠扶养协议。这就意味着，享有受遗赠的权利、承担自然人生养死葬的义务的扶养人，不仅包括原本的集体所有制组织，也可以是其他符合《民法典》规定的相关组织，如法人、非法人组织等各种不同类型的养老机构也可以成为受遗赠的对象。

　　遗赠扶养协议一旦生效，双方均必须遵守，切实履行。任何一方都不能随意变更或解除。在遗赠扶养协议中，双方都存在相应的权利义务。遗赠人不得将协议中的财产另行处分给他人，遗赠人无正当理由不遵守协议，如果导致双方协议被解除的，应补偿扶养人已经支付的供养费用。当然，如果双方合意或者扶养人丧失扶养能力的，遗赠人可以要求终止遗赠扶养协议。

无人继承又无人受遗赠的遗产，该如何处理？

> 无继承无遗赠的遗产，归国家所有。

生活小案例

市民李大爷是个可怜人。作为家中的独子，其年幼时父母双亡，中年丧偶，未成家的独子三年前因为一场车祸去世。现在李大爷年纪大了，身边没有兄弟姐妹，自己也没有后人，觉得自己生活不便，就住进了养老院。某日，李大爷突发脑溢血，撒手而去。现留有财产若干，应该如何处理呢？

 案例分析

本案主要涉及无人继承又无人受遗赠的遗产的归属问题。本案中,李大爷没有配偶、父母、子女,也没有兄弟姐妹,故李大爷没有法定继承人。同时,李大爷生前没有订立任何遗嘱或者与任何组织、个人订立遗赠扶养协议。所以,李大爷去世后留下的遗产属于无人继承也无人受遗赠的遗产。根据《民法典》的规定,无人继承又无人受遗赠的遗产,归国家所有,用于公益事业;死者生前是集体所有制组织成员的,归所在集体所有制组织所有。由于李大爷不是集体所有制组织的成员,所以其遗产归国家所有,用于公益事业。

关联法条

《中华人民共和国民法典》

第一千一百六十条 无人继承又无人受遗赠的遗产,归国家所有,用于公益事业;死者生前是集体所有制组织成员的,归所在集体所有制组织所有。

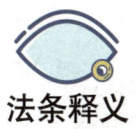
法条释义

本条是《民法典》关于无人继承又无人受遗赠的遗产归属的规定。

无人继承又无人受遗赠的遗产,应当归国家所有,用于公益事业;如果死者生前是集体所有制组织成员的,遗产则归所在集体所有制组织所有。此外,根据我国相关法律的规定,在处理无人继承又无人受遗赠的遗产时,如果有继承人以外的、依靠被继承人扶养的缺乏劳动能力又没有生活来源的人,或者继承人以外的对被继承人扶养较多的人,可以分给他们适当的遗产。

归国家所有的遗产,一般发生在以下三种情形:

（1）自然人死亡时，未对自己的财产作出任何的处分，又没有法定继承人；（2）自然人死亡时，有法定继承人或者被继承人之前作出过遗赠的意思表示，但是继承人均丧失继承权或是表示放弃继承，受遗赠人拒绝接受遗赠；（3）自然人死亡时，没有法定继承人，而其订立的遗嘱、遗赠扶养协议仅处分了部分的遗产，对于一些财产并未涉及，未作处分的部分财产便为无人继承又无人受遗赠的遗产。

按照《民法典》的规定，无人继承又无人受遗赠的遗产应用于公益事业，这体现了"国不与民争利"的思想，实现了遗产的物尽其用，有助于促进公益事业的发展。

受遗赠人需要承担遗赠人的债务吗？

生活小案例

何大叔中年丧偶，只有一个儿子，老年时认识了无儿无女的马阿姨，二人便在一起生活，可是没有办理婚姻登记。

何大叔有两处房产，儿子小何在三居室居住，他和马阿姨在两居室居住。为了保证马阿姨的老年生活，何大叔签了《遗赠抚养协议》，表示过世后，将现在居住的两居室送给马阿姨养老。协议合法有效。

后来，何大叔做生意被骗，亲朋好友纷纷要求何大叔还钱。何大叔一气之下，撒手人寰。乡亲们又拿着欠条找小何要债。但是何大叔欠的债实在太多，小何卖了得到的住房也没有还清债务。小何无奈，只好要求马阿姨搬出去，想着卖房还债。那么，小何的做法可取吗？

 案例分析

本案的焦点在于受遗赠人是否需要承担遗赠人的债务。作为继承人，如果接受了遗产，要以所得遗产实际价值为限清偿被继承人的债务。子女自愿替父母偿还超过遗产实际价值的其他债务的，法律也是支持的。

在本案中，根据法律，小何属于法定继承人，理应负责何大叔欠下的债务。可是小何拿出自己的存款，也卖了自己得到的住房，依旧不够偿还债务。那么作为受遗赠人的马阿姨是否同样需要偿还何大叔留下的债务呢？

依据《民法典》的规定：既有法定继承又有遗嘱继承、遗赠的，由法定继承人清偿被继承人依法应当缴纳的税款和债务；超过法定继承遗产实际价值部分，由遗嘱继承人和受遗赠人按比例以所得遗产清偿。所以，马阿姨需要按照得到遗产的比例，与小何一起以所得遗产偿还何大叔欠下的债务。

关联法条

《中华人民共和国民法典》

第一千一百六十二条 执行遗赠不得妨碍清偿遗赠人依法应当缴纳的税款和债务。

第一千一百六十三条 既有法定继承又有遗嘱继承、遗赠的，由法定继承人清偿被继承人依法应当缴纳的税款和债务；超过法定继承遗产实际价值部分，由遗嘱继承人和受遗赠人按比例以所得遗产清偿。

法条释义

以上法条是《民法典》关于受遗赠人承担遗赠人债务规定。

在不同情况下,受遗赠人有以下四种方式处理遗赠人的债务问题:

(1)如果是在继承遗产只有受遗赠人一人的情况下,受遗赠人要清偿遗赠人的债务。

(2)如果是在既有法定继承人又有受遗赠人的情况下,先以法定继承人继承的遗产清偿债务,不足的部分再由受遗赠人偿还。

(3)如果是在法定继承人、遗嘱继承人和受遗赠人同时存在的情况下,先以法定继承人继承的遗产偿还,不足部分由遗嘱继承人和受遗赠人按照继承遗产的比例偿还债务。

(4)如果是在遗嘱继承人和受遗赠人同时存在的情况下,则是由遗嘱继承人和受遗赠人按继承遗产的比例偿还债务。

当然,清偿被继承人的税款和债务数额应该以遗产的实际价值为限。如果超过法定继承遗产实际价值部分,继承人自愿偿还的不在此限。继承人放弃继承的,也就可以不负偿还责任。

而且,为了体现人道主义,遗嘱应当为缺乏劳动能力又没有生活来源的继承人保留必要的遗产份额,使其生活不因清偿债务受到影响。

附录：

中华人民共和国民法典·婚姻家庭编 继承编

（2020年5月28日第十三届全国人民代表大会第三次会议通过，自2021年1月1日起施行）

第五编　婚姻家庭

第一章　一般规定

第一千零四十条　本编调整因婚姻家庭产生的民事关系。

第一千零四十一条　婚姻家庭受国家保护。

实行婚姻自由、一夫一妻、男女平等的婚姻制度。

保护妇女、未成年人、老年人、残疾人的合法权益。

第一千零四十二条　禁止包办、买卖婚姻和其他干涉婚姻自由的行为。禁止借婚姻索取财物。

禁止重婚。禁止有配偶者与他人同居。

禁止家庭暴力。禁止家庭成员间的虐待和遗弃。

第一千零四十三条　家庭应当树立优良家风，弘扬家庭美德，重视家庭文明建设。

夫妻应当互相忠实，互相尊重，互相关爱；家庭成员应当敬老爱幼，互相帮助，维护平等、和睦、文明的婚姻家庭关系。

第一千零四十四条　收养应当遵循最有利于被收养人的原则，保障被收养人和收养人的合法权益。

禁止借收养名义买卖未成年人。

第一千零四十五条　亲属包括配偶、血亲和姻亲。

配偶、父母、子女、兄弟姐妹、祖父母、外祖父母、孙子女、外孙子女为近亲属。

配偶、父母、子女和其他共同生活的近亲属为家庭成员。

第二章　结　婚

第一千零四十六条　结婚应当男女双方完全自愿，禁止任何一方对另一方加以强迫，禁止任何组织或者个人加以干涉。

第一千零四十七条 结婚年龄，男不得早于二十二周岁，女不得早于二十周岁。

第一千零四十八条 直系血亲或者三代以内的旁系血亲禁止结婚。

第一千零四十九条 要求结婚的男女双方应当亲自到婚姻登记机关申请结婚登记。符合本法规定的，予以登记，发给结婚证。完成结婚登记，即确立婚姻关系。未办理结婚登记的，应当补办登记。

第一千零五十条 登记结婚后，按照男女双方约定，女方可以成为男方家庭的成员，男方可以成为女方家庭的成员。

第一千零五十一条 有下列情形之一的，婚姻无效：

（一）重婚；

（二）有禁止结婚的亲属关系；

（三）未到法定婚龄。

第一千零五十二条 因胁迫结婚的，受胁迫的一方可以向人民法院请求撤销婚姻。

请求撤销婚姻的，应当自胁迫行为终止之日起一年内提出。

被非法限制人身自由的当事人请求撤销婚姻的，应当自恢复人身自由之日起一年内提出。

第一千零五十三条 一方患有重大疾病的，应当在结婚登记前如实告知另一方；不如实告知的，另一方可以向人民法院请求撤销婚姻。

请求撤销婚姻的，应当自知道或者应当知道撤销事由之日起一年内提出。

第一千零五十四条 无效的或者被撤销的婚姻自始没有法律约束力，当事人不具有夫妻的权利和义务。同居期间所得的财产，由当事人协议处理；协议不成的，由人民法院根据照顾无过错方的原则判决。对重婚导致的无效婚姻的财产处理，不得侵害合法婚姻当事人的财产权益。当事人所生的子女，适用本法关于父母子女的规定。

婚姻无效或者被撤销的，无过错方有权请求损害赔偿。

第三章　家庭关系

第一节　夫妻关系

第一千零五十五条　夫妻在婚姻家庭中地位平等。

第一千零五十六条　夫妻双方都有各自使用自己姓名的权利。

第一千零五十七条　夫妻双方都有参加生产、工作、学习和社会活动的自由,一方不得对另一方加以限制或者干涉。

第一千零五十八条　夫妻双方平等享有对未成年子女抚养、教育和保护的权利,共同承担对未成年子女抚养、教育和保护的义务。

第一千零五十九条　夫妻有相互扶养的义务。

需要扶养的一方,在另一方不履行扶养义务时,有要求其给付扶养费的权利。

第一千零六十条　夫妻一方因家庭日常生活需要而实施的民事法律行为,对夫妻双方发生效力,但是夫妻一方与相对人另有约定的除外。

夫妻之间对一方可以实施的民事法律行为范围的限制,不得对抗善意相对人。

第一千零六十一条　夫妻有相互继承遗产的权利。

第一千零六十二条　夫妻在婚姻关系存续期间所得的下列财产,为夫妻的共同财产,归夫妻共同所有:

(一)工资、奖金、劳务报酬;

(二)生产、经营、投资的收益;

(三)知识产权的收益;

(四)继承或者受赠的财产,但是本法第一千零六十三条第三项规定的除外;

(五)其他应当归共同所有的财产。

夫妻对共同财产,有平等的处理权。

第一千零六十三条　下列财产为夫妻一方的个人财产:

（一）一方的婚前财产；

（二）一方因受到人身损害获得的赔偿或者补偿；

（三）遗嘱或者赠与合同中确定只归一方的财产；

（四）一方专用的生活用品；

（五）其他应当归一方的财产。

第一千零六十四条 夫妻双方共同签名或者夫妻一方事后追认等共同意思表示所负的债务，以及夫妻一方在婚姻关系存续期间以个人名义为家庭日常生活需要所负的债务，属于夫妻共同债务。

夫妻一方在婚姻关系存续期间以个人名义超出家庭日常生活需要所负的债务，不属于夫妻共同债务；但是，债权人能够证明该债务用于夫妻共同生活、共同生产经营或者基于夫妻双方共同意思表示的除外。

第一千零六十五条 男女双方可以约定婚姻关系存续期间所得的财产以及婚前财产归各自所有、共同所有或者部分各自所有、部分共同所有。约定应当采用书面形式。没有约定或者约定不明确的，适用本法第一千零六十二条、第一千零六十三条的规定。

夫妻对婚姻关系存续期间所得的财产以及婚前财产的约定，对双方具有法律约束力。

夫妻对婚姻关系存续期间所得的财产约定归各自所有，夫或者妻一方对外所负的债务，相对人知道该约定的，以夫或者妻一方的个人财产清偿。

第一千零六十六条 婚姻关系存续期间，有下列情形之一的，夫妻一方可以向人民法院请求分割共同财产：

（一）一方有隐藏、转移、变卖、毁损、挥霍夫妻共同财产或者伪造夫妻共同债务等严重损害夫妻共同财产利益的行为；

（二）一方负有法定扶养义务的人患重大疾病需要医治，另一方不同意支付相关医疗费用。

第二节 父母子女关系和其他近亲属关系

第一千零六十七条 父母不履行抚养义务的,未成年子女或者不能独立生活的成年子女,有要求父母给付抚养费的权利。

成年子女不履行赡养义务的,缺乏劳动能力或者生活困难的父母,有要求成年子女给付赡养费的权利。

第一千零六十八条 父母有教育、保护未成年子女的权利和义务。未成年子女造成他人损害的,父母应当依法承担民事责任。

第一千零六十九条 子女应当尊重父母的婚姻权利,不得干涉父母离婚、再婚以及婚后的生活。子女对父母的赡养义务,不因父母的婚姻关系变化而终止。

第一千零七十条 父母和子女有相互继承遗产的权利。

第一千零七十一条 非婚生子女享有与婚生子女同等的权利,任何组织或者个人不得加以危害和歧视。

不直接抚养非婚生子女的生父或者生母,应当负担未成年子女或者不能独立生活的成年子女的抚养费。

第一千零七十二条 继父母与继子女间,不得虐待或者歧视。

继父或者继母和受其抚养教育的继子女间的权利义务关系,适用本法关于父母子女关系的规定。

第一千零七十三条 对亲子关系有异议且有正当理由的,父或者母可以向人民法院提起诉讼,请求确认或者否认亲子关系。

对亲子关系有异议且有正当理由的,成年子女可以向人民法院提起诉讼,请求确认亲子关系。

第一千零七十四条 有负担能力的祖父母、外祖父母,对于父母已经死亡或者父母无力抚养的未成年孙子女、外孙子女,有抚养的义务。

有负担能力的孙子女、外孙子女,对于子女已经死亡或者子女无力赡养的祖父母、外祖父母,有赡养的义务。

第一千零七十五条 有负担能力的兄、姐,对于父母已经死亡或者父母无力抚养的未成年弟、妹，有扶养的义务。

由兄、姐扶养长大的有负担能力的弟、妹，对于缺乏劳动能力又缺乏生活来源的兄、姐，有扶养的义务。

第四章 离　婚

第一千零七十六条　夫妻双方自愿离婚的，应当签订书面离婚协议，并亲自到婚姻登记机关申请离婚登记。

离婚协议应当载明双方自愿离婚的意思表示和对子女抚养、财产以及债务处理等事项协商一致的意见。

第一千零七十七条　自婚姻登记机关收到离婚登记申请之日起三十日内，任何一方不愿意离婚的，可以向婚姻登记机关撤回离婚登记申请。

前款规定期限届满后三十日内，双方应当亲自到婚姻登记机关申请发给离婚证；未申请的，视为撤回离婚登记申请。

第一千零七十八条　婚姻登记机关查明双方确实是自愿离婚，并已经对子女抚养、财产以及债务处理等事项协商一致的，予以登记，发给离婚证。

第一千零七十九条　夫妻一方要求离婚的，可以由有关组织进行调解或者直接向人民法院提起离婚诉讼。

人民法院审理离婚案件，应当进行调解；如果感情确已破裂，调解无效的，应当准予离婚。

有下列情形之一，调解无效的，应当准予离婚：

（一）重婚或者与他人同居；

（二）实施家庭暴力或者虐待、遗弃家庭成员；

（三）有赌博、吸毒等恶习屡教不改；

（四）因感情不和分居满二年；

（五）其他导致夫妻感情破裂的情形。

一方被宣告失踪，另一方提起离婚诉讼的，应当准予离婚。

经人民法院判决不准离婚后，双方又分居满一年，一方再次提起离婚诉讼的，应当准予离婚。

第一千零八十条 完成离婚登记，或者离婚判决书、调解书生效，即解除婚姻关系。

第一千零八十一条 现役军人的配偶要求离婚，应当征得军人同意，但是军人一方有重大过错的除外。

第一千零八十二条 女方在怀孕期间、分娩后一年内或者终止妊娠后六个月内，男方不得提出离婚；但是，女方提出离婚或者人民法院认为确有必要受理男方离婚请求的除外。

第一千零八十三条 离婚后，男女双方自愿恢复婚姻关系的，应当到婚姻登记机关重新进行结婚登记。

第一千零八十四条 父母与子女间的关系，不因父母离婚而消除。离婚后，子女无论由父或者母直接抚养，仍是父母双方的子女。

离婚后，父母对于子女仍有抚养、教育、保护的权利和义务。

离婚后，不满两周岁的子女，以由母亲直接抚养为原则。已满两周岁的子女，父母双方对抚养问题协议不成的，由人民法院根据双方的具体情况，按照最有利于未成年子女的原则判决。子女已满八周岁的，应当尊重其真实意愿。

第一千零八十五条 离婚后，子女由一方直接抚养的，另一方应当负担部分或者全部抚养费。负担费用的多少和期限的长短，由双方协议；协议不成的，由人民法院判决。

前款规定的协议或者判决，不妨碍子女在必要时向父母任何一方提出超过协议或者判决原定数额的合理要求。

第一千零八十六条 离婚后，不直接抚养子女的父或者母，有探望子女的权利，另一方有协助的义务。

行使探望权利的方式、时间由当事人协议；协议不成的，由人民法院判决。

父或者母探望子女，不利于子女身心健康的，由人民法院依法中止探望；中止的事由消失后，应当恢复探望。

第一千零八十七条 离婚时，夫妻的共同财产由双方协议处理；协议不成的，由人民法院根据财产的具体情况，按照照顾子女、女方和无过错方权益的原则判决。

对夫或者妻在家庭土地承包经营中享有的权益等，应当依法予以保护。

第一千零八十八条 夫妻一方因抚育子女、照料老年人、协助另一方工作等负担较多义务的，离婚时有权向另一方请求补偿，另一方应当给予补偿。具体办法由双方协议；协议不成的，由人民法院判决。

第一千零八十九条 离婚时，夫妻共同债务应当共同偿还。共同财产不足清偿或者财产归各自所有的，由双方协议清偿；协议不成的，由人民法院判决。

第一千零九十条 离婚时，如果一方生活困难，有负担能力的另一方应当给予适当帮助。具体办法由双方协议；协议不成的，由人民法院判决。

第一千零九十一条 有下列情形之一，导致离婚的，无过错方有权请求损害赔偿：

（一）重婚；

（二）与他人同居；

（三）实施家庭暴力；

（四）虐待、遗弃家庭成员；

（五）有其他重大过错。

第一千零九十二条 夫妻一方隐藏、转移、变卖、毁损、挥霍夫妻共同财产，或者伪造夫妻共同债务企图侵占另一方财产的，在离婚分割夫妻共同财产时，对该方可以少分或者不分。离婚后，另一方发现有上述行为的，可以向人民法院提起诉讼，请求再次分割夫妻共同财产。

第五章 收 养

第一节 收养关系的成立

第一千零九十三条 下列未成年人，可以被收养：

（一）丧失父母的孤儿；

（二）查找不到生父母的未成年人；

（三）生父母有特殊困难无力抚养的子女。

第一千零九十四条 下列个人、组织可以作送养人：

（一）孤儿的监护人；

（二）儿童福利机构；

（三）有特殊困难无力抚养子女的生父母。

第一千零九十五条 未成年人的父母均不具备完全民事行为能力且可能严重危害该未成年人的，该未成年人的监护人可以将其送养。

第一千零九十六条 监护人送养孤儿的，应当征得有抚养义务的人同意。有抚养义务的人不同意送养、监护人不愿意继续履行监护职责的，应当依照本法第一编的规定另行确定监护人。

第一千零九十七条 生父母送养子女，应当双方共同送养。生父母一方不明或者查找不到的，可以单方送养。

第一千零九十八条 收养人应当同时具备下列条件：

（一）无子女或者只有一名子女；

（二）有抚养、教育和保护被收养人的能力；

（三）未患有在医学上认为不应当收养子女的疾病；

（四）无不利于被收养人健康成长的违法犯罪记录；

（五）年满三十周岁。

第一千零九十九条 收养三代以内旁系同辈血亲的子女，可以不受本法第一千零九十三条第三项、第一千零九十四条第三项和第一千一百零二条规定的限制。

华侨收养三代以内旁系同辈血亲的子女，还可以不受本法第一千零九十八条第一项规定的限制。

第一千一百条 无子女的收养人可以收养两名子女；有子女的收养人只能收养一名子女。

收养孤儿、残疾未成年人或者儿童福利机构抚养的查找不到生父母的未成年人，可以不受前款和本法第一千零九十八条第一项规定的限制。

第一千一百零一条 有配偶者收养子女，应当夫妻共同收养。

第一千一百零二条 无配偶者收养异性子女的,收养人与被收养人的年龄应当相差四十周岁以上。

第一千一百零三条 继父或者继母经继子女的生父母同意,可以收养继子女,并可以不受本法第一千零九十三条第三项、第一千零九十四条第三项、第一千零九十八条和第一千一百条第一款规定的限制。

第一千一百零四条 收养人收养与送养人送养,应当双方自愿。收养八周岁以上未成年人的,应当征得被收养人的同意。

第一千一百零五条 收养应当向县级以上人民政府民政部门登记。收养关系自登记之日起成立。

收养查找不到生父母的未成年人的,办理登记的民政部门应当在登记前予以公告。

收养关系当事人愿意签订收养协议的,可以签订收养协议。

收养关系当事人各方或者一方要求办理收养公证的,应当办理收养公证。

县级以上人民政府民政部门应当依法进行收养评估。

第一千一百零六条 收养关系成立后,公安机关应当按照国家有关规定为被收养人办理户口登记。

第一千一百零七条 孤儿或者生父母无力抚养的子女,可以由生父母的亲属、朋友抚养;抚养人与被抚养人的关系不适用本章规定。

第一千一百零八条 配偶一方死亡,另一方送养未成年子女的,死亡一方的父母有优先抚养的权利。

第一千一百零九条 外国人依法可以在中华人民共和国收养子女。

外国人在中华人民共和国收养子女,应当经其所在国主管机关依照该国法律审查同意。收养人应当提供由其所在国有权机构出具的有关其年龄、婚姻、职业、财产、健康、有无受过刑事处罚等状况的证明材料,并与送养人签订书面协议,亲自向省、自治区、直辖市人民政府民政部门登记。

前款规定的证明材料应当经收养人所在国外交机关或者外交机关授权的机构认证,并经中华人民共和国驻该国使领馆认证,但是国家另有规定的除外。

第一千一百一十条 收养人、送养人要求保守收养秘密的,其他人应当尊重其意愿,不得泄露。

第二节　收养的效力

第一千一百一十一条　自收养关系成立之日起,养父母与养子女间的权利义务关系,适用本法关于父母子女关系的规定;养子女与养父母的近亲属间的权利义务关系,适用本法关于子女与父母的近亲属关系的规定。

养子女与生父母以及其他近亲属间的权利义务关系,因收养关系的成立而消除。

第一千一百一十二条　养子女可以随养父或者养母的姓氏,经当事人协商一致,也可以保留原姓氏。

第一千一百一十三条　有本法第一编关于民事法律行为无效规定情形或者违反本编规定的收养行为无效。

无效的收养行为自始没有法律约束力。

第三节　收养关系的解除

第一千一百一十四条　收养人在被收养人成年以前,不得解除收养关系,但是收养人、送养人双方协议解除的除外。养子女八周岁以上的,应当征得本人同意。

收养人不履行抚养义务,有虐待、遗弃等侵害未成年养子女合法权益行为的,送养人有权要求解除养父母与养子女间的收养关系。送养人、收养人不能达成解除收养关系协议的,可以向人民法院提起诉讼。

第一千一百一十五条　养父母与成年养子女关系恶化、无法共同生活的,可以协议解除收养关系。不能达成协议的,可以向人民法院提起诉讼。

第一千一百一十六条　当事人协议解除收养关系的,应当到民政部门办理解除收养关系登记。

第一千一百一十七条　收养关系解除后,养子女与养父母以及其他近亲属间的权利义务关系即行消除,与生父母以及其他近亲属间的权利义务关系自行恢复。但是，成年养子女与生父母以及其他近亲属间的权利义务关系是否恢复，可以协商确定。

第一千一百一十八条 收养关系解除后，经养父母抚养的成年养子女，对缺乏劳动能力又缺乏生活来源的养父母，应当给付生活费。因养子女成年后虐待、遗弃养父母而解除收养关系的，养父母可以要求养子女补偿收养期间支出的抚养费。

生父母要求解除收养关系的，养父母可以要求生父母适当补偿收养期间支出的抚养费；但是，因养父母虐待、遗弃养子女而解除收养关系的除外。

第六编　继　承

第一章　一般规定

第一千一百一十九条　本编调整因继承产生的民事关系。

第一千一百二十条　国家保护自然人的继承权。

第一千一百二十一条　继承从被继承人死亡时开始。

相互有继承关系的数人在同一事件中死亡，难以确定死亡时间的，推定没有其他继承人的人先死亡。都有其他继承人，辈份不同的，推定长辈先死亡；辈份相同的，推定同时死亡，相互不发生继承。

第一千一百二十二条　遗产是自然人死亡时遗留的个人合法财产。

依照法律规定或者根据其性质不得继承的遗产，不得继承。

第一千一百二十三条　继承开始后，按照法定继承办理；有遗嘱的，按照遗嘱继承或者遗赠办理；有遗赠扶养协议的，按照协议办理。

第一千一百二十四条　继承开始后，继承人放弃继承的，应当在遗产处理前，以书面形式作出放弃继承的表示；没有表示的，视为接受继承。

受遗赠人应当在知道受遗赠后六十日内，作出接受或者放弃受遗赠的表示；到期没有表示的，视为放弃受遗赠。

第一千一百二十五条　继承人有下列行为之一的，丧失继承权：

（一）故意杀害被继承人；

（二）为争夺遗产而杀害其他继承人；

（三）遗弃被继承人，或者虐待被继承人情节严重；

（四）伪造、篡改、隐匿或者销毁遗嘱，情节严重；

（五）以欺诈、胁迫手段迫使或者妨碍被继承人设立、变更或者撤回遗嘱，情节严重。

继承人有前款第三项至第五项行为，确有悔改表现，被继承人表示宽恕或者事后在遗嘱中将其列为继承人的，该继承人不丧失继承权。

受遗赠人有本条第一款规定行为的，丧失受遗赠权。

第二章　法定继承

第一千一百二十六条　继承权男女平等。

第一千一百二十七条　遗产按照下列顺序继承：

（一）第一顺序：配偶、子女、父母；

（二）第二顺序：兄弟姐妹、祖父母、外祖父母。

继承开始后，由第一顺序继承人继承，第二顺序继承人不继承；没有第一顺序继承人继承的，由第二顺序继承人继承。

本编所称子女，包括婚生子女、非婚生子女、养子女和有扶养关系的继子女。

本编所称父母，包括生父母、养父母和有扶养关系的继父母。

本编所称兄弟姐妹，包括同父母的兄弟姐妹、同父异母或者同母异父的兄弟姐妹、养兄弟姐妹、有扶养关系的继兄弟姐妹。

第一千一百二十八条　被继承人的子女先于被继承人死亡的，由被继承人的子女的直系晚辈血亲代位继承。

被继承人的兄弟姐妹先于被继承人死亡的，由被继承人的兄弟姐妹的子女代位继承。

代位继承人一般只能继承被代位继承人有权继承的遗产份额。

第一千一百二十九条　丧偶儿媳对公婆，丧偶女婿对岳父母，尽了主要赡养义务的，作为第一顺序继承人。

第一千一百三十条　同一顺序继承人继承遗产的份额，一般应当均等。

对生活有特殊困难又缺乏劳动能力的继承人，分配遗产时，应当予以照顾。

对被继承人尽了主要扶养义务或者与被继承人共同生活的继承人，分配遗产时，可以多分。

有扶养能力和有扶养条件的继承人，不尽扶养义务的，分配遗产时，应当不分或者少分。

继承人协商同意的，也可以不均等。

第一千一百三十一条 对继承人以外的依靠被继承人扶养的人，或者继承人以外的对被继承人扶养较多的人，可以分给适当的遗产。

第一千一百三十二条 继承人应当本着互谅互让、和睦团结的精神，协商处理继承问题。遗产分割的时间、办法和份额，由继承人协商确定；协商不成的，可以由人民调解委员会调解或者向人民法院提起诉讼。

第三章 遗嘱继承和遗赠

第一千一百三十三条 自然人可以依照本法规定立遗嘱处分个人财产，并可以指定遗嘱执行人。

自然人可以立遗嘱将个人财产指定由法定继承人中的一人或者数人继承。

自然人可以立遗嘱将个人财产赠与国家、集体或者法定继承人以外的组织、个人。

自然人可以依法设立遗嘱信托。

第一千一百三十四条 自书遗嘱由遗嘱人亲笔书写，签名，注明年、月、日。

第一千一百三十五条 代书遗嘱应当有两个以上见证人在场见证，由其中一人代书，并由遗嘱人、代书人和其他见证人签名，注明年、月、日。

第一千一百三十六条 打印遗嘱应当有两个以上见证人在场见证。遗嘱人和见证人应当在遗嘱每一页签名，注明年、月、日。

第一千一百三十七条 以录音录像形式立的遗嘱，应当有两个以上见证人在场见证。遗嘱人和见证人应当在录音录像中记录其姓名或者肖像，以及年、月、日。

第一千一百三十八条 遗嘱人在危急情况下，可以立口头遗嘱。口头遗嘱应当有两个以上见证人在场见证。危急情况消除后，遗嘱人能够以书面或者录音录像形式立遗嘱的，所立的口头遗嘱无效。

第一千一百三十九条 公证遗嘱由遗嘱人经公证机构办理。

第一千一百四十条 下列人员不能作为遗嘱见证人：

（一）无民事行为能力人、限制民事行为能力人以及其他不具有见证能力的人；

（二）继承人、受遗赠人；

（三）与继承人、受遗赠人有利害关系的人。

第一千一百四十一条 遗嘱应当为缺乏劳动能力又没有生活来源的继承人保留必要的遗产份额。

第一千一百四十二条 遗嘱人可以撤回、变更自己所立的遗嘱。

立遗嘱后，遗嘱人实施与遗嘱内容相反的民事法律行为的，视为对遗嘱相关内容的撤回。

立有数份遗嘱，内容相抵触的，以最后的遗嘱为准。

第一千一百四十三条 无民事行为能力人或者限制民事行为能力人所立的遗嘱无效。

遗嘱必须表示遗嘱人的真实意思，受欺诈、胁迫所立的遗嘱无效。

伪造的遗嘱无效。

遗嘱被篡改的，篡改的内容无效。

第一千一百四十四条 遗嘱继承或者遗赠附有义务的，继承人或者受遗赠人应当履行义务。没有正当理由不履行义务的，经利害关系人或者有关组织请求，人民法院可以取消其接受附义务部分遗产的权利。

第四章　遗产的处理

第一千一百四十五条 继承开始后，遗嘱执行人为遗产管理人；没有遗嘱执行人的，继承人应当及时推选遗产管理人；继承人未推选的，由继承人共同担任遗产管理人；没有继承人或者继承人均放弃继承的，由被继承人生前住所地的民政部门或者村民委员会担任遗产管理人。

第一千一百四十六条 对遗产管理人的确定有争议的，利害关系人可以向人民法院申请指定遗产管理人。

第一千一百四十七条 遗产管理人应当履行下列职责：

（一）清理遗产并制作遗产清单；

（二）向继承人报告遗产情况；

（三）采取必要措施防止遗产毁损、灭失；

（四）处理被继承人的债权债务；

（五）按照遗嘱或者依照法律规定分割遗产；

（六）实施与管理遗产有关的其他必要行为。

第一千一百四十八条 遗产管理人应当依法履行职责，因故意或者重大过失造成继承人、受遗赠人、债权人损害的，应当承担民事责任。

第一千一百四十九条 遗产管理人可以依照法律规定或者按照约定获得报酬。

第一千一百五十条 继承开始后，知道被继承人死亡的继承人应当及时通知其他继承人和遗嘱执行人。继承人中无人知道被继承人死亡或者知道被继承人死亡而不能通知的，由被继承人生前所在单位或者住所地的居民委员会、村民委员会负责通知。

第一千一百五十一条 存有遗产的人，应当妥善保管遗产，任何组织或者个人不得侵吞或者争抢。

第一千一百五十二条 继承开始后，继承人于遗产分割前死亡，并没有放弃继承的，该继承人应当继承的遗产转给其继承人，但是遗嘱另有安排的除外。

第一千一百五十三条 夫妻共同所有的财产，除有约定的外，遗产分割时，应当先将共同所有的财产的一半分出为配偶所有，其余的为被继承人的遗产。

遗产在家庭共有财产之中的，遗产分割时，应当先分出他人的财产。

第一千一百五十四条 有下列情形之一的，遗产中的有关部分按照法定继承办理：

（一）遗嘱继承人放弃继承或者受遗赠人放弃受遗赠；

（二）遗嘱继承人丧失继承权或者受遗赠人丧失受遗赠权；

（三）遗嘱继承人、受遗赠人先于遗嘱人死亡或者终止；

（四）遗嘱无效部分所涉及的遗产；

（五）遗嘱未处分的遗产。

第一千一百五十五条 遗产分割时，应当保留胎儿的继承份额。胎儿娩出时是死体的，保留的份额按照法定继承办理。

第一千一百五十六条 遗产分割应当有利于生产和生活需要，不损害遗产的效用。

不宜分割的遗产，可以采取折价、适当补偿或者共有等方法处理。

第一千一百五十七条 夫妻一方死亡后另一方再婚的，有权处分所继承的财产，任何组织或者个人不得干涉。

第一千一百五十八条 自然人可以与继承人以外的组织或者个人签订遗赠扶养协议。按照协议，该组织或者个人承担该自然人生养死葬的义务，享有受遗赠的权利。

第一千一百五十九条 分割遗产，应当清偿被继承人依法应当缴纳的税款和债务；但是，应当为缺乏劳动能力又没有生活来源的继承人保留必要的遗产。

第一千一百六十条 无人继承又无人受遗赠的遗产，归国家所有，用于公益事业；死者生前是集体所有制组织成员的，归所在集体所有制组织所有。

第一千一百六十一条 继承人以所得遗产实际价值为限清偿被继承人依法应当缴纳的税款和债务。超过遗产实际价值部分，继承人自愿偿还的不在此限。

继承人放弃继承的，对被继承人依法应当缴纳的税款和债务可以不负清偿责任。

第一千一百六十二条 执行遗赠不得妨碍清偿遗赠人依法应当缴纳的税款和债务。

第一千一百六十三条 既有法定继承又有遗嘱继承、遗赠的，由法定继承人清偿被继承人依法应当缴纳的税款和债务；超过法定继承遗产实际价值部分，由遗嘱继承人和受遗赠人按比例以所得遗产清偿。